AF296851

VOUTENAY

*

HISTOIRE D'UN VILLAGE

PAR L'ABBÉ FR. P.

OFFICIER D'ACADÉMIE

Curé de **VOUTENAY** (Yonne)

DEUXIÈME ÉDITION

AVALLON

EMILE ODOBÉ, IMPRIMEUR BREVETÉ

14, RUE DE LYON, 14

1895

VOUTENAY

HISTOIRE D'UN VILLAGE

VOUTENAY

HISTOIRE D'UN VILLAGE

Par l'Abbé Fr. P.

OFFICIER D'ACADÉMIE

Curé de **VOUTENAY** (Yonne)

DEUXIÈME ÉDITION

AVALLON

ÉMILE ODOBÉ, IMPRIMEUR BREVETÈ

14, Rue de Lyon, 14.

1895

Il y a deux ans, je publiai sur Voutenay, une petite étude faite dans mes moments de loisir, **Histoire d'un Village**. *Cette première édition est, aujourd'hui, épuisée.*

Depuis cette date, j'ai trouvé, concernant ce village, d'autres documents intéressants, que je réunis aux premiers dans cette seconde édition.

J'ose espérer que cet essai historique, tel qu'il est, offrira quelque intérêt à mes concitoyens et paroissiens.

Voutenay, Mai 1895.

ABBÉ FR. P.

CHAPITRE Ier

SITE. — ENVIRONS. — ATTACHEMENT AU PAYS

VOUTENAY

HISTOIRE D'UN VILLAGE

CHAPITRE PREMIER

SITE. — ENVIRONS. — ATTACHEMENT AU PAYS. — VESTIGES PRÉHISTORIQUES
ET GALLO-ROMAINS

Site. — Le village de Voutenay, situé un peu au-dessus du confluent, dans la Cure, du torrentiel ruisseau de Vau-de-Bouche, traversé dans toute sa longueur par la route nationale n° 6, environné presque de tous côtés par de hautes montagnes escarpées, est sans contredit un des plus beaux villages de l'Avallonnais.

Depuis une dizaine d'années surtout, ce village s'est singulièrement embelli. Son vieux château, qui n'a pas été sans gloire pendant les guerres de Religion et de la Ligue, a été en partie reconstruit sur les anciens plans par son propriétaire actuel, M. le docteur Rafinesque, médecin à Paris. L'église bâtie au sommet d'un rocher très pittoresque d'ensemble et dominant la voie ferrée et la Cure; la tour de l'Horloge, trèsélancée, d'un bon style, élevée au centre du pays; les nombreuses maisons bourgeoises, les gracieux chalets récemment édifiés, les grands peupliers ,et les vieux saules au tronc caverneux qui bordent les deux rivières donnent à ce village une physionomie particulière.

Le pays est environné de délicieux paysages qu'on ne se lasse pas d'admirer; aussi tous les ans les citadins y viennent-ils, toujours plus nombreux, passer une grande partie de la belle saison. Des peintres et des aquarellistes, séduits par l'aspect varié des paysages, s'installent dans les prairies, aux bords des rivières, près de ces rochers aux formes étranges et fantastiques. Il est bien rare que quelques-uns de ces jolis points de vue ne soient pas chaque année envoyés au Salon.

****

Environs. — Parmi les plus intéressantes excursions à faire dans les environs de Voutenay, il faut signaler tout particulièrement à l'attention des touristes l'excursion à la Grande-Fontaine, à un kilomètre du pays, dans la vallée de Vau-de-Bouche. On y arrive, pour employer le langage de Montaigne, « par des routes ombrageuses, gazonnées et doux fleurantes. » C'est un véritable torrent, qui prend naissance à la base de la montagne et au-dessus d'une puissante stratification imperméable de la terre à foulon (fuller's carth). Cette source ne tarit jamais, elle est alimentée par toutes les eaux pluviales des nombreuses collines de l'oxford et de la grande oolithe, appartenant aux communes de Précy-le-Sec, Lucy-le-Bois, Joux-la-Ville, Voutenay. Les eaux de cette belle source traversent le village et vont se jeter dans la Cure, au Gué-Fleuri.

Dans la même vallée, un peu plus loin, on peut visiter la grotte au Larron, si capricieusement ramifiée, et, en face, de l'autre côté du ruisseau, à mi-côte de la montagne, au lieu dit le bois Dufour, s'ouvre une antique carrière de pierres de taille, dont les différents horizons fossilifères offrent, au point de vue de leur formation paléontologique et stratigraphique, un intérêt de premier ordre. C'est une promenade des

plus intéressantes et des plus instructives. Au charme
du paysage, de la solitude, des grands chênes déva-
lant du versant des montagnes jusqu'à la prairie ver-
doyante arrosée par le ruisseau, se joint l'intérêt des
études stratigraphiques de ces roches, dont quelques-
unes présentent l'aspect ruiniforme des vieilles forteresses du moyen-âge. On trouve, dans ces roches,
des mondes que le talisman des *Mille et une Nuits*
n'eût jamais osé invoquer.

Signalons encore l'excursion au Crot-de-la-Foudre,
dans la forêt de Girolles, et, tout près de là, à trente
mètres environ, le géant de nos forêts avallonnaises
et peut-être de tout le département, un magnifique
chêne rouvre.

> Quæ quantum vertice ad auras
> Æthereas, tantum radice in Tartara tendit.

Dans une autre direction, au nord-ouest de Voutenay, on peut visiter, le même jour, le fameux camp de
Chora, où se voient encore les murailles et les tours
à moitié démolies qui en défendaient l'approche, le
joli vallon de Vaux-Bile, — le menhir de Voutenay; —
et cet endroit singulièrement beau et bien appelé « le

Gué-Fleuri. » C'est là un fouillis charmant de fleurs champêtres, d'arbrisseaux et d'aulnées, dominés par les grands peupliers des deux rives et où, en toutes saisons,

> Les oiselets au chant moqueur
> Y gazouillent en ribambelles,
> Soit en majeur, soit en mineur,
> D'harmonieuses ritournelles.

****

Attachement au pays. — La terre, quand elle est belle comme à Voutenay, a toujours un attrait qui captive l'homme. L'histoire nous apprend cette particularité du caractère des Germains, dont nous retrouvons les tombeaux en pierre dans notre vallée, qu'ils ne résistaient pas au charme d'un beau lieu : des bois verts, des eaux limpides retenaient ces farouches aventuriers. Aujourd'hui, les successeurs des Germains dans cette belle vallée de la Cure subiraient-ils le même charme? Toujours est-il qu'à Voutenay, il n'y a pas à craindre ce qu'on appelle l'exode des ruraux vers les villes, pour y faire souche de fonctionnaires ou d'ouvriers, et surtout de déclassés.

Grâce à la facilité des communications et au service
militaire, l'habitant de Voutenay a parcouru les grandes villes de France, il en a entrevu les merveilles
et les divertissements ; mais, à l'encontre de tant
d'autres villageois, il en a entrevu aussi les ombres
et les taches, il a comparé les visions éblouissantes
dont son œil est rempli à la monotonie de l'existence
au village, et, malgré les séductions apparentes de ces
villes, il n'a pas lâché la proie pour l'ombre. Il sait
que, pour le plus grand nombre, une fois arrivés dans
la grande cité, le conte de fée qui les avait bercés n'est
plus même un conte de nourrice, que c'est une décep-
tion irréparable, et que rien ne remplace la vie libre
et indépendante qu'on trouve aux champs, surtout
dans un pays comme Voutenay, où l'air est si pur,
le paysage si pittoresque, qui a les faveurs de Cérès,
de Bacchus, et les bonnes grâces de saint Hubert et
de saint Pierre.

O fortunâtos nimium, sua si bona norint.

Une intéressante Notice sur Voutenay a été publiée,
il y a une trentaine d'années, par un ancien curé de
Voutenay, M. l'abbé Breuillard. Nous prendrons la

plupart des faits qui y sont rapportés et qui ont été puisés, en partie, dans le Cartulaire de l'Yonne, pour le nouveau travail que nous commençons aujourd'hui. Nous n'avons pas la prétention de relater ici, sans omission aucune, tous les événements de quelque importance concernant ce petit, mais bien antique village ; trop de pages nous manquent et manqueront probablement toujours. Le temps et les révolutions, plus meurtrières que le temps, ont laissé subsister de trop rares vestiges d'un passé trop méconnu.

Si dans le monde fossile la chaîne des êtres organisés est souvent interrompue, si les mêmes vides se retrouvent dans l'histoire des peuples et des villes, à plus forte raison doit-il exister des lacunes quand il s'agit d'un simple village. D'autant plus qu'au moyen-âge, les chroniqueurs ne nous disent pas comment la population des campagnes s'est transformée. Il y a eu aussi dans l'existence des sociétés humaines un assez grand nombre de révolutions dont le souvenir ne nous est fourni par aucun document.

*
* *

Vestiges préhistoriques. — Voutenay a été habité

à une époque très-reculée et qui se perd dans la nuit des temps préhistoriques, par des hommes venus de contrées encore inconnues aujourd'hui, et qui ont habité les cavernes de nos montagnes.

Les produits de leur industrie et de leur art, aussi éloquents dans leur simplicité que les ruines les plus somptueuses, les débris de leurs repas, les sculptures que nous retrouvons là, sont autant d'irrécusables documents qui, comme un livre que l'on peut feuilleter, permettent à l'historien de tracer d'une main sûre le tableau complet de la vie de ces hommes dont nous ignorons les noms et l'origine. Si la foi religieuse soulève les montagnes, la foi scientifique les creuse; heureux l'homme qui possède ces deux dons, qui sait ouvrir les yeux de la foi et de l'esprit sur ces mondes que Dieu livre à notre admiration.

On étudie avec un charme étrange cette société dont les éléments sont si loin de nous, la vie de ces hommes qui vinrent, bien avant les peuplades révélées par l'histoire, habiter nos grottes, et qui comblent l'immense hiatus existant dans les annales de l'humanité, entre les origines primitives des peuples et les temps historiques.

Dans le cours des fouilles et recherches de ces

différentes stations préhistoriques, j'ai décrit plusieurs fois la vie des premiers habitants de notre vallée, arrivés à une époque qui précède de beaucoup celle que viennent éclairer les textes concernant notre village, époque très-longue assurément, et dans laquelle ils durent disputer leur vie aux redoutables fauves qui habitaient, en même temps, ces contrées.

Non-seulement on trouve dans les cavernes de nos montagnes, les vestiges de l'homme et de son industrie associés à la faune quaternaire, mais il n'est pas rare de rencontrer, autour du village, des instruments et des armes de l'époque de la pierre taillée et de la pierre polie. Ce qui ne veut pas dire que tous ces objets soient préhistoriques ; dans tous nos villages de l'Avallonnais, jusque dans les bois du Morvan, en plein sol granitique, on trouve de ces objets travaillés par l'homme. Si la pierre polie n'a pas mis fin à l'emploi de la pierre taillée, il est non moins vrai que l'usage des métaux n'a pas mis fin à l'emploi de la pierre polie, si toutefois on admet, ce qui est loin d'être prouvé, deux subdivisions de l'âge de la pierre. A toutes les époques, on a fait usage d'armes en pierre ; on pourrait citer de nombreux exemples datant du commencement de l'époque historique jusqu'aux

Ecossais de Wallace, se servant encore au XIIe siècle d'armes en pierres, jusqu'à cette époque, elle-même si près de nous, où l'on utilisa la pierre à silex pour la batterie des armes à feu.

Nous qui sommes habitués à notre industrie contemporaine, nous avons peine à nous faire à l'idée que la civilisation ancienne ait pu en connaître une autre, et, instinctivement, nous voyons dans l'usage de la pierre un indice certain de barbarie, ce qui est complètement faux, car un degré élevé de vie sociale, religieuse par conséquent, n'a pas nécessairement pour corrélatif un haut degré de culture scientifique, artistique ou industrielle. Ajoutons encore, que si dans la nature il y a des époques de rétrogradation et d'archaïsme pour les être organisés, de même, pour l'humanité, la *série linéaire* continue, le progrès *constant* ne saurait exister. Nous ne devons donc pas être surpris si, parmi les populations qui nous ont précédés ici, quelques-unes aient été moins avancées dans leur outillage que celles qui les ont devancées, et aient utilisé ces instruments et armes de pierre qu'employèrent autrefois les habitants de nos cavernes.

*
* *

Vestiges gallo-romains. — La grande voie

d'Agrippa (via Agrippina), gendre d'Auguste, allant de Lyon à Boulogne-sur-Mer, passe à Voutenay; on trouve le long de cette voie, et surtout près de l'église, de nombreux tombeaux gallo-romains, d'autres ont servi de sépultures aux Francs-Mérovingiens. Dans l'un on a trouvé une plaque de ceinturon en fer recouvert d'argent et ciselé et plusieurs pièces lenticulaires d'Arcadius. On sait qu'on nomme sépultures romaines celles des trois premiers siècles de notre ère, et sépultures mérovingiennes ou barbares celles qui eurent lieu depuis Clovis jusqu'à Charlemagne.

Cette voie romaine était composée, comme il est facile de le constater encore aujourd'hui, d'un *statumen* en pierres debout de 30 centimètres d'épaisseur, et d'un *rudus* en pierres cassées de 30 centimètres également. On sait que la largeur ordinaire de la *via romana* avait été fixée, par la loi des XII Tables, à huit pieds et à seize dans les coudes. Mais cette largeur s'était singulièrement modifiée dans les derniers *temps de l'empire.*

Depuis l'époque gallo-romaine, Voutenay a toujours été habité. Une curieuse inscription, gravée sur un monument trouvé à Voutenay et conservé aujourd'hui au Musée d'Auxerre, les grands tombeaux en

pierre, enfouis au fond de la vallée ou sur les co-
teaux, et où dorment, au bruissement des flots, la
population autochthone et le peuple envahisseur,
avec ses armes, parures, bijoux et ornements de
toutes sortes, sont autant d'irrécusables documents,
à l'aide desquels on peut ressusciter cette partie de
notre histoire régionale. Sous le Haut Empire, se trouvait une maison dont on voit les ruines près de la
voie antique, au sommet de la montée, à gauche de
la route allant à Avallon, et qui appartenait à un
certain Amicus Celsus, à en juger par le cippe votif
trouvé en cet endroit, avec quelques médailles romaines, le tout déposé aujourd'hui au Musée d'Auxerre.

Ce cippe antique, dédié à Mercure, comme le montre l'inscription gravée sur une des faces, nous fait
remonter à un passé fort éloigné et jette une vive
lumière sur les coutumes et le culte de nos ancêtres.

« Voilà pourquoi j'aime à lire une inscription,
disait Bernardin de Saint-Pierre, il semble qu'une
voix humaine sorte de la pierre et se fasse entendre
à travers les siècles, en nous montrant qu'une pensée
a pu survivre à bien des ruines, à bien des empires. »

Ces monuments épigraphiques abondent souvent en

faits divers suggestifs ; ce sont en quelque sorte les journaux de l'antiquité.

« Les pierres vous apprendront, dit aussi saint Bernard, ce que les professeurs n'enseignent pas. ».

Ce cippe ou autel est en pierre blanche assez tendre, de forme octogone. Entre le socle et la corniche, la longueur est de 0^m85. La hauteur totale est d'environ un mètre, chacune de ses faces a 0^m21.

On y lit l'inscription suivante en sept lignes, reconstituées par M. Protat, membre de la Société des Antiquités de la Côte-d'Or :

AVGVSTO SACRVM

DEO MERCVRIO

AMICVS CELSVS

AMBIORIS

EX VOTO

SOLVIT SVSCEPTO

MERITO

Amicus Celsus Ambioris, en exécution d'un vœu, a élevé cet autel à l'honneur de l'auguste dieu Mercure, dont il a éprouvé la protection.

César nous apprend que dans les Gaules on vénérait surtout Mercure. *Deum maxime Mercurium colunt : ejus sunt plurima simulacra. Hunc viarum atque itinerum ducem arbitrantur.* Il ne faut pas traduire *simulacra* par statues. César entend par *simulacra Mercurii*, les pierres debout ou menhirs, qui devaient naturellement suggérer à son esprit, ou à celui de l'écrivain qu'il a suivi (un auteur grec vraisemblablement), l'idée des Ερμαï ou piliers carrés qui passaient pour les plus anciennes représentations symboliques de ce dieu.

Chez tous les gentils, généralement, on dressait des statues de Mercure sur les chemins, dans la croyance que cette fausse divinité était le messager des dieux, le dieu des voleurs, des chemins et des voyageurs (1).

C'était encore un usage général, chez les Romains, de placer *in triviis vel quadriviis*, à tous les car-

---

(1) Nous n'avons pas à dire ici comment on représentait Mercure ; ses ailes aux épaules et aux talons, son caducée ailé ainsi que son pétase, sa chlamyde roulée autour de son bras, sont assez connus pour que nous n'ayions pas à les décrire. La bourse, la balance, les têtes de pavots, la massue elle-même étaient ses attributs. Le bélier, la tortue, le cygne, le coq lui étaient consacrés. Tous ces attributs répondaient à ses fonctions multiples au ciel et dans les enfers.

refours, une statue, un autel, un signe quelconque de la divinité ; de là les Hermès si fréquents en Italie et en Gaule ; de là le culte spécial pour les dieux protecteurs des grande routes.

Souvent aussi les autels de ces divinités servaient de bornes ou de limites aux propriétés privées, *terminos*, d'où quelquefois elles prenaient le nom de *terminales*. On ne manquait jamais de s'arrêter dans les lieux qui possédaient ces autels ou ces temples ; on y faisait des sacrifices au départ et au retour des voyages, on y adressait des prières ; on invoquait la protection de la divinité qui y était adorée, on priait *pro salute, itu et reditu.*

C'était encore une coutume de mettre, en passant près de ces autels, des pierres qu'on rencontrait sur son chemin ; on croyait rendre ainsi un grand honneur à ces idoles et un grand service aux voyageurs.

Une autre coutume qui existait chez les Romains et qui sans doute s'établit en Gaule, c'est que dans chaque maison il y avait un autel, et sur cet autel il devait y avoir toujours un peu de cendre et de charbons allumés. C'était une obligation sacrée pour le maître de la maison d'entretenir le feu jour et nuit.

Il ne faut pas s'étonner de voir un nom, une inscription entière en latin sur le cippe votif trouvé dans une maison de Voutenay. A partir de l'époque où les Romains conquirent la Gaule, on voit la race gauloise renoncer à ses noms et adopter ceux des conquérants. Le même fait se reproduit à peu près dans toutes les contrées soumises à Rome.

La principale raison, dit Fustel de Coulanges, est que les Gaulois sont devenus citoyens romains. S'ils ne l'eussent été, une loi leur interdisait de prendre des noms de famille romains. Le devenant, ils y étaient autorisés, et c'était même pour eux une sorte d'obligation. L'usage était que chaque nouveau citoyen prît le nom de famille, *nomen gentilium*, et même le prénom de celui qui lui avait conféré la qualité de citoyen.

Une autre source de tant de noms romains en Gaule fut l'affranchissement.

Les empereurs, qui possédaient dans toutes les provinces, sur leurs domaines, un nombreux personnel d'esclaves, firent aussi de nombreux affranchis.

Ces esclaves qui furent affranchis en Gaule n'étaient pas tous des Gaulois, ils pouvaient aussi bien être nés en Espagne, en Grèce, en Afrique, mais tous sans distinction recevaient le nom du maître, et comme les maîtres portaient des noms romains, les noms romains se répandaient à foison,

Les Gaulois, ajoute encore le même auteur, ne voyaient pas de raisons très-fortes pour tenir à leur vieille langue. Elle manquait des termes que les arts et la civilisation rendaient nécessaires. Elle ne pouvait servir ni pour la littérature, ni pour le barreau, ni pour la conversation élégante. Les Gaulois prirent la langue romaine parce qu'ils y trouvèrent intérêt, profit, plaisir à l'adopter.

Des hautes classes, le latin passa aux classes inférieures et se propagea dans les campagnes. Ville et campagne ne formaient qu'une cité, c'est pourquoi nous voyons loin des villes, comme à Voutenay, les inscriptions gravées en latin, dans une langue qui devait être comprise de la foule, comme le sont aujourd'hui ces inscriptions gravées au pied des croix et des statues religieuses élevées dans tous les pays chrétiens.

Les fondations de cette maison, mises à nu à l'époque de la construction de la route, ne tarderont pas, on doit le regretter, à être détruites par les intempéries des saisons. Elles mériteraient cependant qu'on s'en occupât et qu'on les préservât d'une destruction complète. Bien plus, il y a quelques années, des pseudo archéologues, sous le prétexte de faire des fouilles, n'ont pas hésité à abattre un des murs restant de l'antique maison d'Amicus Celsus. C'est là un fait déplorable, car les fouilles dans les ruines ne donnent pas plus le droit de les bouleverser, que les recherches dans un vieux manuscrit ne donnent celui d'en déchirer les pages.

Ces constructions romaines, maisons, routes, chaussées, ponts, aqueducs, si nombreux encore autour de Voutenay, et qui excitent aujourd'hui notre étonnement et notre admiration, ont pu braver pendant des siècles les révolutions et la faux du temps, tandis que les constructions élevées plus tard par les envahisseurs de l'empire, par ceux mêmes qui dorment aujourd'hui leur dernier sommeil dans nos vallées de la Cure et du Cousin, sont à jamais anéanties.

CHAPITRE II

ÉTYMOLOGIE. — ORIGINE. — CHARTES

CHAPITRE II

Etymologie. — Le nom latin du village de Voutenay s'est écrit différemment depuis l'époque romaine jusqu'à la Renaissance ; on l'a écrit *Vuldonacum*, *Vetenedum*, *Vultumniacum*, *Vultiniacum* et *Volthenetum*. Ce nom viendrait-il de Vulteius ou de Vultumnius ? Le suffixe *ay* vient évidemment du celtique *ak*, transformé en *acum*. Tous nos *ac* (langue d'oc), *oy, y, ay* (langue d'oil), représentent *ak*, *acum*, propriété, demeure d'un tel ; exemple : *Sauvign-y*, *sabini acum*, propriété primitive du romain ou gallo-romain *Sabinus* ou *Salviniacus*.

Etum aurait aussi une signification bien déterminée, il indiquerait une plantation de chênes, ainsi *Roburetum*, Rouvray ; d'aulnes : *Aluetum*, Aulnay, etc.

Origine. — Ce village, d'origine celtique, faisait, longtemps avant l'invasion romaine, partie du pays Mandubien, dans la république Eduenne. La capitale de cette région était la fameuse Alise, détruite par César cinquante-deux ans avant Jésus-Christ.

Cette partie du pays Mandubien dans laquelle Voutenay était situé est connue dans l'histoire sous le nom de pays Avallonnais.

Charlemagne, en 806, donna l'Avallonnais à son fils Louis-le-Débonnaire, qui le céda à son tour en apanage à son fils Pépin, en 817.

Le comté d'Avallon, dans lequel Voutenay était compris, fut réuni, dans le XIe siècle, à celui de l'Auxois et, dans la suite, au duché de Bourgogne.

La Bourgogne eut, sous la première race, des comtes et des ducs amovibles ; ceux de la seconde race profitèrent de la faiblesse des successeurs de Charlemagne, pour s'ériger en souverains des pays dont ils n'étaient que gouverneurs.

C'est à cette époque que Voutenay et les localités voisines passèrent aux comtes de Nevers, en vertu de certains arrangements, traités ou partages, qui ne sont pas parvenus jusqu'à nous ou que l'on n'a pu encore retrouver.

Voutenay, en passant sur la tête des comtes de Nevers, se trouva par le fait englobé dans le grand bailliage et siège présidial de Sens, gouvernement de Champagne, parlement et intendance de Paris.

Les habitants d'Auxerre s'étant des premiers soumis à l'autorité de Louis XI, après la mort de Charles-le-Téméraire, duc de Bourgogne, ce souverain récompensa leur bonne volonté en détachant leur bailliage de celui de Sens. Henri II ajouta à ces faveurs en établissant à Auxerre un siège présidial dans le courant de 1551, et, à partir de cette époque, Voutenay n'eut plus rien de commun avec Sens. La paroisse de Voutenay resta cependant sous la juridiction de l'évêque d'Autun jusqu'au renversement du culte en France, et ce ne fut qu'en 1802 qu'elle en fut détachée pour rentrer dans la formation du diocèse de Troyes. Elle y est restée jusqu'en 1820, époque où l'archevêché de Sens, dont elle fait maintenant partie, a été rétabli. La paroisse de Voutenay est du doyenné de Vézelay et de l'archiprêtré d'Avallon.

*
* *

Voutenay connut encore, comme nous le montrerons plus loin à l'aide de documents authentiques, bien d'autres vicissitudes, pendant cette longue suite de siècles que nous venons de parcourir rapidement. Tour à tour possédé par les moines de Flavigny, de Saint-Germain d'Auxerre et de Vézelay, par les Hospitaliers ou Chevaliers de Malte, les comtes d'Auxerre s'en disputèrent encore la possession. Assiégé, pris et repris plusieurs fois, il fut ravagé par la peste à différentes reprises, saccagé maintes fois par les Bretons et les bandits composant les grandes Compagnies, puis, plus tard, par ceux qu'on surnomma les Ecorcheurs et qui exercèrent tant de ravages dans tout l'Avallonnais. Le pillage des vaincus était dans les mœurs du temps.

A voir aujourd'hui la tranquillité, la paix et la prospérité, ou tout au moins le bien-être relatif qui règne dans ces villages paisibles, baignés par la rivière, il semble qu'il en fut toujours ainsi. Cependant, ces mêmes villages connurent pendant de longs siècles les plus grands fléaux, la guerre et son cortège habituel dans ces temps malheureux, l'incendie, la peste et la famine.

De hautes murailles flanquées de tours et de bastions, protégeaient les villages contre les bandes armées qui sillonnaient les campagnes. Les vieux donjons de nos châteaux, comme celui de Voutenay, servirent plus d'une fois de refuge aux populations menacées.

Nos paysans se battaient vaillamment et faisaient bonne garde autour de leurs demeures, mais quand, par malheur, l'ennemi, trompant leur vigilance, escaladait les murs, le village était mis à feu et à sang, les enfants et les vieillards assommés, les femmes chevauchées, pour nous servir d'une expression du temps, et les hommes valides contraints souvent de se joindre aux pillards et de partager leurs aventures. Il faut lire, dans les chroniques du temps, le récit de toutes ces horreurs pour avoir une idée de la situation des vilains, manants ou serfs, comme on appelait alors les campagnards. Qui ne sait encore que le serf, comme autrefois le client chez les Romains, restait soumis à un maître de père en fils. Il lui était défendu de se marier hors du village. Le seigneur pouvait prendre le sol qu'il cultivait et l'argent qu'il possédait !

A toutes les époques de notre histoire nationale, et tout spécialement pour nos contrées, un fait certain, douloureux, c'est que tous ceux qui vécurent avant nous, soit qu'ils fussent réfugiés dans les cavernes de nos montagnes, ou réunis dans la plaine près des cours d'eau, ne cessèrent de lutter contre les fauves des époques quaternaires, ou contre ces autres fauves non moins redoutables, armés de flèches et de massues, des longues époques subséquentes. Qu'on ajoute encore à toutes ces calamités les multiples et formidables invasions de tant de peuples divers venus des quatre coins du monde, Romains, Barbares, Normands, Sarrazins, etc., et on aura une idée des misères d'alors. La liberté, indispensable au progrès d'une nation, que nous possédons aujourd'hui et que peut-être nous n'apprécions pas assez, nos pères ne l'avaient pas ; on ne la leur a pas donnée, mais ils l'ont conquise par des luttes séculaires, comme toute liberté du reste, et au prix de souffrances inouies, souvent au prix de leur vie ; qui connaîtra jamais ce long martyrologe d'un peuple pendant ces siècles disparus à jamais, espérons-le? N'oublions pas qu'il y avait encore des serfs en France à la fin du XVIIIe siècle, notamment tout près d'ici, à Corsaint (canton de Semur), que des communes n'ont jamais été affranchies avant la révolution du siècle dernier, et que la *poursuite*, la *taille*, le *formariage* et la *mainmorte* étaient les mailles dont le réseau serré s'enlaçait autour des malheureux serfs, taillables et corvéables à merci de l'époque féodale !

Les hommes de notre temps, fiers à juste titre des découvertes modernes, sont portés à juger sévèrement ceux qui nous ont précédés sur ce vieux sol gaulois, et à leur reprocher leur long stationnement et leur peu d'avancement dans la voie du progrès et de la civilisation. C'est là une appréciation injuste, que rectifie une plus ample connaissance de l'histoire, des faits et des difficultés de toutes sortes qui entouraient les hommes de ces époques lointaines.

***

Voici dans leur ordre chronologique quelques faits concernant Voutenay :

Le 18 janvier 721 suivant les uns, le 15 des calendes de février 606 suivant les autres, Waré, abbé de Flavigny, donne à l'église de Saint-Pregts de Flavigny, dans son testament, des biens situés dans le *pagus* d'Avallon, au nombre desquels figurent les petites coutures de Voutenay (*Et colonicas in Vuldonaco.* Anno 1ᵉ regnante Theodorico rege, Wideradus abba).

***

Chartes des rois. — En l'année 864, les évêques des Gaules réunis à Pistes, par ordre du roi Charles-le-Chauve, pour prendre des mesures contre les Normands, sont sollicités par les députés du monastère de Saint-Germain d'Auxerre, que gouverne, comme abbé, Lothaire, fils du roi, de rendre un décret pour confirmer les moines dans la possession de leurs biens. Les Pères firent droit à leur demande; Voutenay figure dans le dénombrement que le concile fit alors des possessions de cette abbaye. « *Vultumniacus cum coloniculis.* »

Le 20 juin 864, le roi Charles-le-Chauve accorde et reconnaît à l'abbaye la confirmation de tous les biens énumérés dans le décret de Pistes, et dans lequel Voutenay figure avec ses dépendances : « *Vultumniacum cum appenditiis suis.* »

Le 11 juin 884, Carloman confirme l'abbaye dans tous ses privilèges et dans tous ses biens, Voutenay est encore relaté dans son intégrité : « *Vultumniacum cum integritate.* »

Le 28 octobre 886, Charles-le-Gros confirme par une charte les privilèges concédés par ses prédécesseurs.

Le 14 juillet 889, Eudes confirma ces privilèges dans les mêmes termes que Charles-le-Gros.

Le 26 juillet 936, Louis IV en fit autant.

Dans le courant de l'année 1150, les religieux de l'abbaye de Saint-Germain d'Auxerre, l'abbé Arduin en tête, ayant réclamé la protection d'Eugène III, ce pontife leur adressa de Segny, le 5 des ides de février 1151, une bulle dans laquelle il énumère en détail tous les biens du monastère, et il cite l'église de Voutenay dans le diocèse d'Autun : « *In episcopatu Eduensi, ecclesiam de Vultiniaco.* » Il reconnaît à l'abbaye droit de présentation, à l'évêque diocésain, de prêtres pour desservir cette paroisse et les autres indiquées comme dépendant de l'abbaye.

En 1198, Innocent III, sur une nouvelle supplication de leur part, confirma de nouveau leurs privilèges. « *In episcopatu Eduensi, Ecclesiam de Luciaco, jus quod habebat, in Ecclesiam de Vultiniaco,* etc. »

La « Gallia Christiana », tome XII, nous a encore conservé une charte de Jocelin d'Arcy, de 1147, dans laquelle un certain Lambert, de Voutenay, figure comme témoin.

Les religieux de Vézelay eurent aussi des possessions dans le village de Voutenay, et finirent même par le posséder intégralement.

Bulle d'Innocent III. — En 1210, ce village leur était commun avec les religieux de Saint-Germain, comme l'atteste une lettre du pape Innocent III aux évêques de Paris et de Troyes, à propos d'un différend survenu entre les moustiers et Pierre de Courtenay, comte d'Auxerre, qui voulait construire à Voutenay un étang à moulin avec une maison, à leur préjudice et détriment. « Le procureur du monastère (Vézelay) a exposé devant nous qu'encore que le village de Voutenay (de Vetenedo) soit commun aux monastères de Vézelay et de Saint-Germain, de telle sorte qu'ils y perçoivent le terrage, le passage, les albergues, les cens, tierces, lods, ventes et retenues, tandis que le comte n'y perçoit que dix deniers annuellement sur chaque paysan, « *a quolibet rustico* », à titre de garde et de salvamentere (droit de garde et de protection), en y usurpant maintenant la juridiction contre toute justice, il extorque de chaque villageois, « *ab unoque villaro* », cinq sols, sur un certain endroit du village, nonobstant l'inhibition faite tant à lui qu'aux *Hospitaliers* (1) qui tenaient ce lieu même dans la censive du monastère, l'ayant reçu d'eux par

(1) Les Hospitaliers ou Chevaliers de Malte, fondés en 1048.

échange, et cause de grands dommages dans leurs bois, leurs carrières et autres choses, en édifiant un castrum, un étang et un moulin à leur préjudice et détriment. Pourquoi le procureur susdit a demandé que les édifices en question fussent démolis.

Mais le procureur a allégué que, comme des assassinats et des vols se commettaient fréquemment dans le dit lieu de Voutenay soumis à sa juridiction, voulant lui-même y porter remède, il avait, sur l'emplacement où on lui avait dit qu'il existait anciennement une maison forte, construit sur le sol qu'il avait reçu des Hospitaliers par échange, une maison pour la sécurité des passants, avec un étang et un moulin pour occuper les personnes chargées de garder cette maison même.

D'après cette lettre d'Innocent III, qu'il serait trop long de citer ici en entier, on voit : 1° que le terrage, les passages, etc., appartenaient alors aux deux monastères de Vézelay et de Saint-Germain d'Auxerre ; 2° que l'étang et les chaussées furent construits malgré l'opposition du couvent de Vézelay, partie dans la propriété de ce couvent, et partie dans la censive ou propriété commune à ces deux monastères ; 3° que défense avait été faite aux Hospitaliers de vendre au comte cette propriété, et à ce dernier de percevoir la censive dont elle était grevée ; 4° que la justice du bois au-dessus de la forteresse appartenait au comte, et qu'il pouvait disposer à son gré de ce bois ; 5° que le comte avait aussi la justice du pays et coutume d'y percevoir deux deniers sur chaque maison pour droit de protection ; 6° que le comte avait fait bâtir la forteresse dans le pré des Hospitaliers, dans le même lieu où il existait anciennement une forteresse entourée de palissades et fossés.

Nous lisons dans Lebœuf, tome IV, une charte de 1210 dans laquelle le comte d'Auxerre, Pierre de Courtenay, jure, entre les mains du roi, qu'il mettra à exécution le traité fait entre lui et le couvent de Vézelay, relativement aux contestations élevées entre eux à l'occasion de Voutenay. Il veut que, dans le cas ou lui ou son fils n'accompliraient pas les conditions prescrites dans cet arrangement, le roi, son maître, fasse justice, sans forfaiture toutefois, jusqu'à ce qu'ils aient réparé intégralement le dommage et les pertes que cette violation du traité aurait pu causer au couvent susdit.

Philippe-Auguste confirma, la même année, la

transaction conclue entre Pierre de Courtenay et l'église de Vézelay.

Ce fut aussi la même année que le comte reconnut tenir du roi la forteresse de Voutenay-sur-Cure, et qu'il lui promit de ne lui porter aucun préjudice par cette jouissance, quoique cependant il eût reconnu, dès l'an 1205, au mois de février, et promis à Eudes, duc de Bourgogne, que ce serait de lui qu'il prendrait cette forteresse, et que, s'il venait à mourir, celui qui possèderait Mailly la tiendrait du même duc.

Le cartulaire de l'abbaye de Vézelay, 1463 et 1464, dit que les deux prés en avant de la maison forte, dont l'un s'étendait le long de la rivière et l'autre tenait à la chaussée, ainsi qu'un troisième qui se trouvait derrière la maison, étaient alors réservés pour son approvisionnement.

CHAPITRE III

LA GUERRE DE CENT ANS. — LA PESTE AU XIVe SIÈCLE

CHAPITRE III

Guerre de Cent ans. — La guerre de Cent ans a laissé dans l'Avallonnais des traces de son passage, et l'année 1358 marque le commencement de ces calamités.

Tous les seigneurs possédant forteresses reçurent ordre de les faire réparer et garnir d'artillerie, et de se tenir prêts pour résister à l'ennemi.

Les fortifications et les châteaux de Mont-Réal et d'Avallon furent restaurés; on y mit des canons appelés *coillards*.

De nombreuses montres ou revues furent passées à Avallon pendant l'année 1358. Girard de Thurey, maréchal de Bourgogne, et plus de 700 gentilshommes s'y rendirent avec leurs chevaliers, écuyers et archers. Parmi eux nous voyons les sires Jean de Voutenay, d'Arcy, Pierre de Rougemont, etc.

Pendant l'envahissement de la Bourgogne par les grandes compagnies, 1361-1404, les Bretons s'établirent à Arcy et ravagèrent tous les pays environnants, Saint-Moré, Voutenay, etc.

****

La peste. — La peste noire fit de grands ravages en 1349, à Voutenay. De 1380 à 1382, la peste reprit sans interruption. Dix ans après, une peste plus horrible encore s'étendit sur l'Avallonnais.

En 1392, la mortalité était telle qu'il courut partout des bruits d'empoisonnement généralement attribués aux Anglais qui séjournaient dans le pays. Les habitants de nos campagnes, poussés par la misère, abandonnèrent leurs femmes et leurs enfants et suivirent les routiers pour vivre de leurs rapines.

****

Requête à Charles V. — En 1380, les habitants de Voutenay adressèrent à Charles V, surnommé le Sage, une requête par laquelle ils suppliaient Sa Majesté de les exempter des subsides. Le 17 juillet 1380,

Charles V leur adressa de Paris des lettres dans lesquelles il est dit que Sa Majesté, prenant en considération la requête à lui adressée par les habitants de Voutenay, demeurant entre les *deux ponts*, en l'élection de Vézelay, les décharge de tous subsides et aides quelconques, tant en paix qu'en guerre, de la part du roi ou du duc de Bourgogne, moyennant une redevance annuelle de trente sols tournois.

Ces deux ponts existaient, l'un sur la Cure, et l'autre sur le Vau-de-Bouche Le premier était à cent mètres plus haut que le pont actuel, construit en 1764, comme l'indique le millésime placé sur le flanc du parapet oriental. Le second pont était plus rapproché de 60 mètres environ de Voutenay que le pont actuel, construit en face du lavoir.

*
* *

Droits de l'abbé de Vézelay. — En l'an 1406, des contestations s'élevèrent entre les religieux de Sainte-Marie-Madeleine de Vézelay et les habitants de Précy-le-Sec, à propos des droits de chasse sur le finage de Voutenay. L'affaire fut même portée devant le Parlement, qui fit savoir, le 8 juillet 1406, « que les habitants de Précy sont tenus de demander et requérir, par eux ou l'un d'eulx, une fois l'an, au chastel de Voutenay, aux sus dits religieux, ou à la garde de la justice d'y celluy chastel à eulx appartenant, licence de chasser en yceulx, laquelle licence ainsi demandée, soit que octroyée, soit ou refusée, ils y pourront chacier, tendre et hayer par la manière dessus dite, et pourvu aussi que toutes les grosses bestes qui par les dits habitants seront princes en ladite justice de Précy, yceulx habitants ou celui ou ceulx d'eulx qui ycelle prince auront faite, seront tenus de rendre et payer aux dits religieux, à leur dit chastel de Voutenay, ce qui s'en suit, c'est assavoir, des bestes noires les pieds, et des cerfs le cimier ou l'un des costés, ou la hampe, le quel qui mieux bon leur semblera, pourvu qu'elle soit entière et raisonnable, sans despéciée des chiens, ce point en va entièrement, et semblablement des biches auront les dits religieux, une cuisse, tout ce qui est dit à peine de soixante sols tournois d'amende à appliquer par les dits habitants qui auront été pris à prendre les dites bestes, si par eulx y a deffaut, aux dits religieux. » (Archives de l'Yonne).

Le cartulaire des années 1463 et 1464 atteste que

toutes les propriétés de Voutenay étaient grevées de censives, telles que d'un denier, trois et quatre deniers pour les plus fortes, les moindres consistaient en une obole, ou une pougeoise. Indépendamment du grand moulin, sur la Cure, propriété aujourd'hui de M. Gillet, Lucien, liquidateur judiciaire à Paris, l'abbaye de Vézelay en possédait encore un autre sur le Vau-de-Bouche ; c'est celui-là qui occasionna le procès faisant l'objet des lettres d'Innocent III. Il n'en reste plus aujourd'hui aucune trace ; il s'élevait à environ cent mètres au bas du lavoir actuel, au même endroit sans doute que le moulin désigné aujourd'hui sous le nom de petit moulin de Voutenay, lequel a été construit, en 1790, par M. Tripier, curé de Voutenay, sur l'emplacement où l'on voyait auparavant un foulon.

*
* *

Ancien étang. — On voit encore, un peu au-dessous de la grande fontaine de Voutenay, une digue élevée dans les prés, barrant le ruisseau ; c'est là que se trouvait l'étang poissonneux dont il est question plus haut. Cet étang, à fond de calcaire oolithique, était établi dans d'excellentes conditions, sans vase,

comme les étangs du Morvan à fond d'arène granitique. Il ne pouvait exercer aucune fâcheuse influence
sur la santé des populations avoisinantes. Il en est tout
autrement quand un étang est établi sur les argiles du
lias.

****

Autres droits de l'abbé. — L'abbé de Vézelay,
comme seigneur temporel et spirituel de Voutenay,
avait en ce village :

1° Toute justice, haute, moyenne et basse, et tous
droits y annexés. Ce droit appartenait primitivement
au comte d'Auxerre, qui s'en dessaisit, au commencement du XIIIme siècle, en faveur des religieux de
Vézelay. Cette justice s'y exerçait par un prévôt, ou
juge inférieur, dont les appellations venaient au bailli
de Vézelay ; les exploits de justice et amendes arbi-
traires pouvaient s'élever annuellement à la somme
de quatre livres tournois ;

2° Droits de lods, ventes et retenues, qui s'élevaient
à trois sols quatre deniers pour chaque livre ; ce
droit pouvait valoir, année commune, soixante sols
tournois ; c'est ce que nous appelons aujourd'hui
droit de mutation ;

3° Droit d'épaves, confiscations et biens vacants le cas échéant ;

4° Cinq deniers tournois sur chaque feu, pour droit de bourgeoisie ou d'affranchissement, payables le jour de la Chandeleur ;

5° Deux deniers sur chaque feu, revenant annuellement à quatre sols quatre deniers, pour usage du bois mort au bois de la Faye, consistant en quarante arpents ;

6° Pour droit de mener paître leurs pourceaux dans les bois de l'abbaye, sur chaque habitant et manant, ung denier pour chascun pourceaulx. C'est ce qu'on appelait le droit de pacage ;

7° Pour droit de rouage ou de circulation, ung denier tournois pour chaque muid de vin vendu en gros, et trois deniers pour chaque muid vendu en détail ;

8° Sur le curé, pour patronage de la cure, dix sols tournois ;

9° Droits de laine et d'agneaux ; ces droits, ceux de Précy compris, consistaient en 23 livres de laine et 7 agneaux, qui se partageaient avec le curé de Voutenay ;

10° La dîme de chanvre était remplacée par trente aunes de toile ;

11° Le droit de flottage se payait tantôt plus et tantôt moins ;

12° Le four banal s'amodiait à peu près quinze francs ;

13° Ceux qui devaient des gélines ou poules étaient tenus de payer dix deniers pour chacune ;

14° Douze gerbes par arpent ; c'est ce qu'on appelait le droit de tissage ;

15° Droit de gruerie et de grairie, le premier consistant à prendre le tiers du prix de la coupe des bois et usages de Voutenay. Celui de grairie provenait de la justice qu'il faisait exercer pour la conservation de ces bois, par les officiers des eaux et forêts.

CHAPITRE IV

PRISE DU CHATEAU EN 1427. — RACHAT

CHAPITRE IV

La *Petite Chronique de Vézelay*, du père Labbe, rapporte un fait singulier arrivé, en 1259, à Voutenay. Une petite fille vint au monde les seins remplis de lait. « *Apud Volthenetum, puella nascitur habens ubera lacte plena.* »

****

Prise du château. — En 1427, pendant le siège de Mailly-le-Châtel par le maréchal de Bourgogne et par le sire de Chastellux, le château de Voutenay fut assiégé et pris.

Après la prise de Cravant par le sire de Chastellux, l'armée du roi voulut reprendre cette place,

mais elle fut battue le 1ᵉʳ août 1423. Cette bataille ne
délivra pas entièrement le pays de l'armée royale,
il y resta des détachements qui essayèrent de s'emparer des petites forteresses dont nos pays étaient
alors couverts. Ce fut dans ces circonstances que
celle de Voutenay fut prise.

Rachat. — Les habitants d'Avallon et des pays
voisins se cotisèrent pour reconquérir cette place,
une lourde imposition de 800 écus d'or fut imposée
à tous les habitants de l'Avallonnais. Une quittance
du 8 août 1429, conservée aux archives de la mairie
d'Avallon, apprend que Jehan Boisart, commis de
Jehan de Gray, escuyer de cuisine du duc de Bourgogne, reçut, ce jour même, des habitants d'Avallon,
une somme de 800 écus d'or par les mains de M. Grillot,
pour le recouvrement et vuidange du chastel de Voutenay.

Les Ecorcheurs. — La rivalité des maisons d'Or-
léans et de Bourgogne, ou lutte des Armagnacs et

Bourguignons, dit M. E. Petit, prit fin par le traité d'Arras, en 1435, conclu par l'entremise d'Alexandre, abbé de Vézelay, signé par Charles VII et Philippe-le-Bon, fils de Jean-sans-Peur, assassiné par les partisans du Dauphin, plus tard Charles VII.

Il ne devait plus rester, sur le territoire français ou bourguignon, qu'un ennemi commun : l'Anglais. Mais cette paix n'était pour la Bourgogne que le prélude d'une guerre plus effroyable encore et rappelant les ravages causés par les grandes compagnies au XIVme siècle.

La plupart de ces capitaines, qui avaient guerroyé avec Jeanne d'Arc, firent une guerre atroce, sans but, sans drapeau, où le brigandage s'avouait de lui-même dans toute sa féroce impudeur. On les avait surnommés les écorcheurs.

*
* *

Fort-Epice. — Prise du château. — Reprise par Jean Riollet. — Un de ceux-là, Jacques d'Espailly (Espailly, château près du Puy-en-Velai), bailli de Melun, titre et charge importante qu'il devait à la bravoure déployée au service du roi lui-même, et surnommé Fort-Epice, était parvenu, en

1439, à surprendre le fort de Voutenay, et y avait
mis une garnison dont le voisinage était fort incommode
pour les pays d'alentour. Jean Riollet, chef de cham-
bre dans la compagnie de Miles de Jeaucourt, résolut
de le faire déloger, et vint en plein midi escalader les
murailles de Voutenay, avec une troupe de gens d'armes. Fort-Epice jouait aux dés avec ses compagnons.
Surpris à l'improviste, il n'eut que le temps de mettre
ses bottes et de se sauver par une porte dérobée, qui
donnait du côté de la rivière. C'est ce même Fort-
Epice et ses gens d'armes qui vinrent *devant Avallon
pour icelle guigner* s'ils eussent pu. Ils parvinrent
à s'en emparer, mais, en 1433, Philippe-le-Bon en
personne la reprit, après une vigoureuse résistance de
Fort-Epice. Ce Fort-Epice fut tué à Chablis par Jean
d'Inteville.

En 1468, les habitants d'Avallon soutinrent un
procès contre le sire de Chastellux, qui voulait forcer
les habitants de Voutenay et de quelques autres villages voisins à aller faire le guet et la garde dans
son château.

En 1469, M. de Ragny apporte à Avallon les lettres
de Philippe de Savoie, lieutenant du duc, contraignant

les habitants de Voutenay et autres villages à faire le guet à Avallon.

***

1473. Voutenay est pris. — Sur la fin de 1473, Voutenay tombe au pouvoir d'un corps de soldats détaché de l'armée française, qui s'avançait dans le Nivernais. Jean Regnier, seigneur de Montmercy et bailli d'Auxerre, écrivit cette triste nouvelle au maréchal de Bourgogne, alors à Semur, et le supplia, « si tant estoit que Voutenay ne fût tenable, qu'il y boutast le feu. »

Dans le terrier du roi, établi en 1486, pour la châtellenie d'Avallon, les habitants de Voutenay doivent chaque année au roi, à cause de sa seigneurie d'Avallon, 30 sous « de saulvement ou garde ».

Un compte de recettes et dépenses de 1546, concernant les terres de Voutenay, apprend qu'il n'y avait alors dans ce village que 79 ménages, et 44 à Saint-Moré et Nailly, son hameau.

***

Peste en 1637. — En 1637, la peste fit de grands

ravages à Voutenay et dans les villages voisins. A
Voutenay, les pestiférés furent inhumés en haut et en
dehors du cimetière actuel. On retrouve encore leurs
corps à peu de profondeur; une pierre (lave) debout,
sortant à peine de terre, indique chaque sépulture.
A partir du commencement du XIVe siècle jusqu'au
XVIIe siècle, on peut dire que la peste était à l'état
endémique dans nos pays, Avallon compris. En 1349,
la peste fut si horrible en cette ville, qu'un vieux
dicton rappelle cet affreux événement :

En l'an mil 349
De cent ne demeurait que neuf.

*Voutenay est occupé par les huguenots et
les reîtres.* — Sur la fin du XVIme siècle, les armées
du roi de Navarre, composées de huguenots et de
reîtres, venus de l'Allemagne et de la Suisse, com-
mandés par le duc de Nevers, le maréchal d'Aumont,
M. de Tavannes et le capitaine Montolan, occupèrent
successivement les villes d'Asquins, d'Avallon, Voutenay, Girolles, etc. Il fut même envoyé de Vermenton

à chacun de ces endroits des députés et messagers ;
et, pour ne parler ici que de Voutenay, le maréchal
des reîtres y date, le 15 août 1588, une réquisition de
6.000 pains, 12 muids de vin, 12 bœufs, 25 moutons
et de l'avoine pour 120 chevaux.

CHAPITRE V

STATISTIQUES EN 1696, — EN 1892

CHAPITRE V

Les habitants de Voutenay ne pouvaient vendre leurs propriétés que de particulier à particulier, mais jamais à des étrangers.

L'état monastique, supprimé à Vézelay par Paul III, fut remplacé par un chapitre composé de douze chanoines, qui eut les hautes, moyennes et basses justices de Voutenay, Montillot, Saint-Moré et Trucy-sur-Yonne. Arrêt du Parlement du 23 juin 1667.

En 1686, M. Merlet, curé de Voutenay, abandonna au chapitre de Vézelay les biens de la cure, moyennant 50 livres en argent et 20 bichets de blé, qui devaient se prendre sur les dîmes et le moulin ; c'est le grand moulin ; celui du Vau-de-Bouche n'existait plus.

1696. Statistique de Vauban. — En 1696, Vauban nous a laissé un dénombrement des peuples, fonds de terre, bois et bestiaux de Vézelay. Voutenay y figure ainsi pour son compte:

Maisons sur pied,	63
Maisons et ruines,	8
Familles,	61
Hommes veufs et mariés,	48
Femmes veuves et mariées,	61
Garçons au-dessus de 14 ans,	24
Filles au-dessus de 12 ans,	37
Garçons au-dessous de 14 ans,	37
Filles au-dessous de 12 ans,	39
Valets,	3
Servantes,	3
Nombre de personnes,	252

Charrues,	17
Bêtes chevalines,	14
Bêtes de labours,	68
Vaches et suivants,	112
Bourriques,	2
Chèvres,	14
Brebis,	503

Porcs,	5
Arpents de terre de labour,	625
Terres en friche,	»»
Terres désertes,	18
Communes,	»»
Prés et réserves ou regains,	26
Prés communs,	»»
Vignes en état,	23
Vignes en friche,	»»
Bois de futaie,	»»
Bois taillis en propriété,	450
Bois d'usage,	186
Etangs,	»»
Moulins,	2
Huilerie,	1
Cabarets et tavernes,	2
Débits de vins,	6

⁎

Statistique en 1892. — La statistique faite en l'année 1892 a donné les résultats suivants :

Population, 341 habitants.

Superficie de la commune de Voutenay, 1003 hectares 5270

Cultures alimentaires (grains, etc.),	272	hectares.
Prairies artificielles, fourrages divers,	95	—
Cultures industrielles,	3	—
Jachères,	42	—
Prairies naturelles, herbages et pâturages,	25	—
Vignes,	46	—
Vergers,	2	—
Jardins de particuliers,	5	—
— de plaisance, parcs,	4	—
Bois et forêts,	453	—
Terrains rocheux et de montagnes incultes,	20	—
Culture du froment,	110	—
Seigle,	20	—
Orge,	30	—
Méteil,	5	—
Avoine,	95	—
Pommes de terre pour l'alimentation,	10	—
Betteraves fourragères,	8	—
Carottes,	2	—

Pommiers (nombre de),	200
Cerisiers (nombre de),	1.000

Propriétaires exploitants,	70
Berger,	1
Chevaux, nombre de têtes,	37
Anes,	7
Taureaux et bœufs,	6
Vaches,	50
Moutons,	120
Porcs,	30
Chèvres,	5
Poules,	500
Oies,	50
Canards,	50
Dindes,	30
Lapins,	600
Roues hydrauliques,	2
Charrues,	25
Machines à battre,	6
Véhicules pour les transports,	60
Huilerie,	1
Boucherie,	1
Débits de vin,	2

Menuisiers,	2
Charrons,	2
Maréchaux-ferrants,	2
Maçons,	5

Les vins de nos vallées oolithiques sont légers et un peu plats; ils sont loin d'avoir la qualité des vins des argiles supra-liasiques, comme ceux du Vault, Annay, Rouvre, Montfaute, etc. Voutenay, dans certaines années, récolte beaucoup de cerises. Ces fruits, convenablement passés à l'alambic, font un kirsch d'excellente qualité.

On sait aussi que la nature des terrains a une influence notable sur certains produits des animaux; le laitage, les œufs, sont presque toujours de qualité inférieure dans les terrains granitiques; il en est de même pour le gibier à chair noire, le lièvre, le chevreuil, le mouton, etc. Dans les terrains oolithiques, comme à Voutenay, tous ces animaux sont, au contraire, excellents; de même pour le foin. La chair de bœuf ne connaît pas ces variations.

*
* *

Le curé Leblanc et le chapitre de Vézelay. — M. Leblanc était curé de Voutenay au commencement du XVIIIe siècle. Il eut de longs débats avec le chapitre de Vézelay au sujet de la dîme d'une couture connue sous le nom de la couture du Saumon; les sieurs du chapitre disent, dans un premier réquisitoire, qu'ils sont obligés de plaider contre ledit Leblanc, pour lui fixer sa dîme novale. La cour ayant maintenu, par sentence du 27 août 1723, M. Leblanc au possessoire, le chapitre présenta un second réquisitoire; nous ignorons la suite de cette affaire.

Le 12 janvier 1720, les revenus de la seigneurie de Voutenay, Avrigny, Saint-Moré, Nailly furent loués à Claude Desjour, chantre et chanoine de Sainte-Marie-Madeleine de Vézelay, et fondé de pouvoir de MM. du chapitre.

Le prix fut fixé à 1700 livres, payables aux termes de Noël et de la Saint-Jean.

*
* *

1755. *Condamnation des habitants.* — Une sentence du 8 février 1755, condamna les habitants de Voutenay, pour s'être permis de couper des arbres fruitiers dans le triage qu'ils avaient cantonné eux-mêmes, à une amende de 500 livres, avec défense d'en user ainsi à l'avenir.

Le dernier chargé d'affaires du chapitre de Vézelay à Voutenay fut M. Bourgeois, notaire à Voutenay, dont le fils fut maire pendant plus de trente ans.

*
* *

Vœux aux Etats-Généraux. — Lors de l'Assemblée des Etats-Généraux, les communes furent appelées à émettre leurs vœux sur les réformes à faire ; celle de Voutenay demanda l'abolition des tribunaux d'exception autres que les justices seigneuriales, avec la suppression des huissiers priseurs, la répartition des impôts entre les contribuables des trois ordres, la suppression des aides et la réduction du prix des sels et tabacs. Voutenay demanda encore la réduction des ordres religieux.

A cette époque, il se trouvait déjà, dans les villages, des esprits forts promettant aux villageois l'âge d'or après la suppression des ordres religieux, comme aujourd'hui il s'en trouve encore qui leur font espérer une nouvelle terre promise après la séparation de l'Eglise et de l'Etat. Le bon populaire sera éternellement dupé par des gens souvent les moins recommandables, ornés parfois d'un casier judiciaire.

*
* *

Rétablissement du culte. — Après le rétablissement du culte catholique en France par Bonaparte, les habitants de Voutenay revinrent vite à la religion de leurs pères. Pendant plus de cinquante ans, l'assistance aux offices fut nombreuse. Malheureusement, aujourd'hui, il n'en est plus ainsi, tout au moins pour ce qui regarde les hommes, et, conséquence inévitable, la moralité a fortement baissé ; le crime même, inconnu autrefois, vient jeter parfois la consternation jusque dans les villages voisins. La jeunesse s'habitue de bonne heure au cabaret, les relations entre familles ne sont plus aussi amicales que par le passé. Par suite aussi de dépenses mal reglées, excessives, bien des familles sont dans la gêne. Ici, comme en d'autres pays, il y a encore ce généreux amour-propre qui consiste à faire manger la subsistance d'une année, dans les trois ou quatre jours de noce.

CHAPITRE VI

ABBESSE DE CRISENON. — MORT SURPRENANTE

DE QUATRE JEUNES FILLES, ETC.

CHAPITRE VI

Abbesse de Crisenon. — En 1793, Madame du Mouchet, abbesse de Crisenon, et une de ses nièces, vinrent, avec une fille de service, habiter Voutenay. Deux ans auparavant, elle avait été demander un asile au monastère des Visitandines des Sainte-Marie d'Avallon. Crisenon venait d'être vendu. Les Sainte-Marie au contraire avaient été épargnées, mais les Visitandines ayant été chassées, Madame du Mouchet se retira à Voutenay.

*
* *

Mort surprenante de quatre jeunes filles. — Dans le courant de l'année 1828, un événement extraordinaire jeta la consternation non-seulement dans le village, mais encore dans les pays voisins. Quatre jeunes filles d'une beauté remarquable, mesdemoiselles Fournillon, âgées de neuf, seize, dix-huit et vingt ans, moururent l'une après l'autre, dans l'espace de huit jours. Des enquêtes furent ordonnées, mais la justice ne put jamais éclaircir ce sombre mystère, et la mort de ces quatre malheureuses enfants resta inexplicable.

Croix stationnales. — Il existe, sur le territoire de la commune, trois croix stationnales servant de stations aux processions habituelles des Rogations et de Saint-Marc. L'une est élevée au milieu du parapet oriental du grand pont, sur la Cure, l'autre est près du petit monument où l'on remise la pompe à incendie ; la dernière est à l'extrémité du village, à droite en allant à Saint-Moré, sur le sommet du rocher que coupe la route et sur le bord de l'antique voie romaine, que l'on voit se perdre dans les champs.

Eglise. — L'église, comme nous le disons plus

haut, est bâtie à l'est et hors du village, au sommet d'un escarpement de rocher. L'édifice est du XVe siècle, du XIIe selon d'autres. La différence est grande comme on le voit. Il est difficile de donner une date certaine, vu le manque d'architecture, cependant les fenêtres en plein cintre et la nef voûtée en berceau ogival avec arcs doubleaux, portant la toiture en laves, sans charpente, sont bien caractéristiques de l'époque de transition, du XIIe siècle.

La tour carrée supportant le clocher est de l'ordre dorique, quant à la façade ; le clocher renferme deux cloches refondues en 1883. Elles étaient fêlées depuis quelques années. La plus grosse, *Alice*, pèse 692 kil. ; elle a eu pour parrain et marraine M. et Mme Lucien Gillet. La plus petite, *Marie*, pèse 337 kil. ; elle a eu pour parrain et marraine M. et Mme Lethorre. La première donne le **FA**, la seconde le **LA** aigu. Avant leur refonte, en 1883, les anciennes cloches pesaient 1.070 kil. et 740 kil., en tout 1810 kil. On a donc donné au fondeur, pour son travail, 781 kil. de beau bronze, mauvais marché assurément et blâmé par les habitants. La commune, qui parfois fait des dépenses beaucoup moins utiles, pouvait facilement payer le prix de la fonte, sans prendre sur le poids des cloches. Elle aurait dû garder intacte cette belle sonnerie qui faisait l'admiration et l'envie des paroisses voisines.

Le patron de la paroisse est saint André, apôtre, dont la fête est célébrée le 30 novembre. On voit dans l'église plusieurs peintures et statues du saint, notamment un grand tableau peint en 1849, par M. Ducrot, de Précy-le-Sec, peintre d'un certain talent. A signaler encore une bonne peinture, le Christ en croix et la Madeleine au pied; un retable en bois, tryptique, encadré par deux colonnes creusées de cannelures, d'ordre dorique. Sainte Anne instruisant la Vierge, saint Dominique et sainte Thérèse recevant le rosaire des mains de Marie, saint Hubert à genoux adorant la croix qui apparaît entre les bois du cerf, forment les sujets de ce tryptique. Le tableau, sans être une œuvre d'art, satisfait le goût et la piété.

Dans le chœur on voit plusieurs dalles tumulaires revêtues de leur épigraphe.

*
* *

Cimetière. — Le cimetière, qui touche à l'église au nord et à l'est, a été agrandi il y a quatre ans. Il est parfaitement tenu, on y remarque de beaux monuments funéraires, notamment celui d'un ingénieur, d'origine anglaise, M. Louis Hack, chevalier de l'ordre de Pie IX. Sur la croix en marbre blanc, dominant un rocher également en marbre blanc, l'artiste italien qui a sculpté le monument a jeté une admirable guirlande de roses et de feuilles.

Dans le cimetière on rencontre parfois des inhumations étagées (des sarcophages en pierre posés les uns sur les autres). Il est probable qu'elles ont eu lieu par mégarde ou ignorance, car les idées et les mœurs de ce temps, formulées dans la loi salique et confirmées par les capitulaires de Charlemagne et de ses successeurs, défendaient de remuer les os des défunts et de placer un mort sur un autre mort. La terre occupée par un mort était sacrée, personne n'aurait songé à la lui disputer sans se croire un profanateur.

****

Presbytère. — Le presbytère, éloigné d'environ trois cents mètres de l'église, est situé au milieu du village, près de la tour de l'Horloge, sur la droite, en montant la rue Dumont (via montis); c'est un assez vaste bâtiment. Sa façade principale est au sud-ouest et regarde la voie ferrée, la rivière et le grand coteau couvert de bois qui ferme l'horizon.

****

Maison d'école. — L'ancienne maison commune a été construite en 1790 ; elle a coûté 8.000 francs environ.

La nouvelle maison d'école, terminée en 1882, a coûté 30.000 francs, y compris l'achat de l'emplacement.

****

Tour de l'Horloge. — La tour de l'Horloge date de 1829 ; sa construction a coûté près de 30.000 francs. Sa flèche hardie, élégante et fine, semble se balancer au gré des vents.

****

Puits communaux. — Ils sont au nombre de cinq ; le plus ancien est le puits Fichon, établi en 1564, comme l'indique le millésime gravé sur la margelle ; ce nom de Fichon appartient aussi à un bois voisin ;

serait-ce le nom d'un notable du quartier? Trois autres puits ont été creusés en 1831; le dernier, proche le presbytère, ne date que de 1845.

****

Lavoir. — On a bâti, vers 1827, un grand lavoir en belles pierres de taille, au bas du village, sur le ruisseau du Vau-de-Bouche. Cette construction a coûté 30.000 francs. Les femmes de Précy-le-Sec viennent journellement au lavoir de Voutenay. La paix ne règne pas toujours entre les lavandières des deux pays! (question de places surtout). Parfois les *tapoirs* se lèvent menaçants, les *carrosses* de ces dames se heurtent avec violence, l'orage gronde..., il arrive même que la force armée, représentée par le garde-champêtre, est obligée d'intervenir, de séparer les belligérantes et de limiter les frontières!

En résumé, si l'on ajoute les frais d'établissement de la gare (33.000 fr.), les subventions données, comme nous le verrons plus loin, pour faire passer la route nationale à Voutenay, 150.000 francs ont été dépensés depuis cent ans pour les travaux extraordinaires de la commune.

XVIe siècle. Pans de murs. — Il reste encore dans le village quelques pans de murs, couverts de lierre, de l'enceinte fortifiée de Voutenay, XVIe siècle. Ils offrent la plus grande analogie avec ceux de Sermizelles.

****

Altitude. — L'altitude la plus élevée, sur le Fay, est de 252 mètres au-dessus du niveau de la mer; dans le pays même, elle n'est que de 140 mètres. La situation géographique est de 1° 27' longitude orientale, et de 47° 34' latitude nord.

****

Diluvium. — Le diluvium, qui est presque nul dans le Morvan, prend du développement dans notre région jurassique. Ce sont surtout des sables rougeâtres granitiques, à la surface desquels il y a des blocs de granit qui atteignent souvent un mètre de diamètre. On trouve parfois, dans ces dépôts sédimentaires, des silex taillés et des ossements de grands fauves quaternaires, particulièrement des éléphants.

Climats. — On trouve à Voutenay, comme dans tous nos pays, un très grand nombre de noms de climats. Une certaine importance s'attache à cette nomenclature. Quelques-uns s'expliquent d'eux-mêmes et viennent d'un arbre, d'une source, de la nature géologique du sol, du nom du propriétaire de l'endroit ; ils sont encore l'unique vestige d'un évènement très-important des siècles passés ; d'autres sont de véritables énigmes qu'il n'est pas toujours facile de deviner. Je me contenterai de citer les principaux climats sans en faire l'historique. Le Fay, la Faye, Saumon, les Bressottes, les Terres-Noires, l'Arpent, le Gué Fleuri, les Vallées, les Champs de la Forge, Boulu.

Sources. — Au bas du rocher où s'élève l'église, existe une source connue sous le nom de source de Saint-André ; l'établissement de la voie ferrée, l'amoncellement des remblais en cet endroit, ont contribué à affaiblir le débit des eaux de la source, qui, depuis ces travaux, ne donne plus autant qu'autrefois. Cette source avait, comme bien d'autres sources, notamment la fontaine de Saint-Moré, une certaine réputation, on y venait en pèlerinage.

On sait que, chez les Gaulois et les Romains, toutes les sources étaient sacrées et devenaient l'objet d'un culte et presque toujours d'un pèlerinage très fréquenté. Ce culte était tellement enraciné dans nos contrées, lors de l'introduction du christianisme en Gaule, que les évêques eurent de grandes difficultés à faire oublier au peuple le culte des eaux. Pour y parvenir ils se virent souvent obligés de mettre certaines sources sous l'invocation des saints; il est probable qu'il en a été ainsi pour la source de Saint-André.

Une autre source est celle de la Grande Fontaine, nous en avons parlé dans les premières pages de cette Notice. On peut dire des eaux de cette magnifique source :

Optimæ sunt quæ et hieme calidæ sunt, æstate vero frigidæ.

En amont de cette source, les eaux du ruisseau ont une couleur vert-jaunâtre, indiquant la présence du soufre ou du fer mêlé avec du cuivre.

Les autres sources du pays sont sans importance. On sait du reste combien sont rares les sources dans les terrains oolithiques, qui sont toujours d'une étonnante perméabilité.

De Voutenay à Saint-Moré, la pente de la Cure, qui prend sa source à Gien, entre Saulieu et Autun, pour se jeter dans l'Yonne à Cravant, est de 4' 30''; au-dessus, dans la profonde vallée granitique, c'est un torrent encombré de roches, dont la pente moyenne est de 23' 15''.

*
* *

Flottage. — Tous les ans, près de 100.000 stères de bois de chauffage passent à Voutenay, flottés à bûches perdues, venant du Morvan et se dirigeant sur Paris. C'est après la fonte des neiges, au mois de février ordinairement, que commence le flottage. La durée du flot est d'un mois environ. Si les eaux de la rivière sont trop basses, on ouvre le réservoir des Settons, qui est le moteur et le régulateur principal du flottage. La quantité d'eau lâchée est d'environ quatre à cinq mètres d'eau par seconde, et même six mètres par exception, pendant les vingt ou trente jours que dure le flottage. Depuis quelques années, on remarque une décroissance continue sur les quantités de bois flottés. Cette pratique du flottage des bois remonte à plusieurs siècles. Jean Rouvet avait fait descendre, en 1549, ceux du Morvan à bûches perdues jusqu'à Cravant (1). Entre Sermizelles et Voutenay, on trouve dans les sablières, sur les deux rives, des bûches profondément enfouies sous le sable. La puissance des dépôts détritiques recouvrant ces bûches a demandé un temps considérable, et nous montre encore que la rivière était beaucoup plus large autrefois qu'aujourd'hui.

*
* *

Laitiers. — A Voutenay, comme dans la plupart des pays voisins, on trouve des laitiers et scories de fer en abondance, mais qui indiquent une industrie dans l'enfance, car au lieu d'être vitreux et légers, ces laitiers et scories sont presque toujours fort pesants en raison de la grande quantité de fer qu'ils contiennent encore. Beaucoup de ces laitiers pourraient être traités de nouveau en guise de minerai de fer. Le minerai, en ces temps anciens, devait certainement être plus riche

(1) En 1546, Gilles Defroissez, maître de forges du Nivernais, aurait, selon quelques érudits, été le premier à faire flotter à bûches perdues.

et plus abondant qu'aujourd'hui. On avait aussi la marne ou le calcaire comme flux ou fondant, et le bois sous la main.

***

Géologie. — Aux environs de Voutenay, les couches coralliennes et oxfordiennes ne se montrent plus ; à Saint-Moré, disparaissent déjà les puissantes assises du callovien ou Kellovay-Rock ; à Voutenay, le sol est formé par la grande-oolithe, les couches marneuses ou terre à foulon, si riches en fossiles, qui lui servent de base, et par les dépôts sédimentaires du bajocien. Les fossiles qu'on trouve dans ces différents horizons zoologiques sont innombrables ; notons spécialement les phaladomyes, térébratules, les jolis oursins (hemicidaris) et ces délicieux *echinobrissus scutatus et clunicularis* du bathonien. Notons encore cette infinie division de cassures spathiques de radioles et d'articles d'encrines, entrant dans la formation de nos massifs oolithiques, de nos calcaires à entroques (bras du polypier) ; n'oublions pas non plus nos gracieuses *Rhynchonelles*, un des plus charmants fossiles de la création. Nos montagnes sont d'anciens récifs de polypiers, où l'on trouve toutes les natures de roches que comporte ce genre de formation : calcaires compactes, oolithiques, bréchiformes, formés de morceaux anguleux, que cimente du carbonate de chaux. Certains calcaires offrent cette particularité curieuse que, dans les vides ou géodes, la calcite a cristallisé, et d'une manière si limpide qu'elle mérite presque le nom de *spath d'Islande*, avec ses beaux clivages. Parfois encore, cette calcite a affecté des formes cristallines, notamment la forme dite en tête de clou.

Dans un endroit, près des bois communaux, existe un dépôt composé de sables argileux jaunes-rougeâtres, renfermant du quartz, des silex identiques à ceux de la craie et d'assez volumineux fragments de grès ferrugineux, qu'utilisèrent autrefois les troglodytes de la montagne des Tunnels. Les polissons que j'ai trouvés dans une de ces grottes sont en grès ferrugineux identique au grès de ce dépôt.

Ce dépôt se rattacherait-il à l'époque tertiaire, et son origine serait-elle la même que celle de Gros-Mont, vers Vézelay.

CHAPITRE VII

LÉPROSERIE. — ROUTE NATIONALE. — RUES

VOIE FERRÉE, ETC.

L

cou
trêt
trou
nag
des
à u
rièr
troi
ven
et j
hab

CHAPITRE VII

Léproserie. — Un léproserie existait à Voutenay comme dans la plupart des villages importants de nos contrées ; elle était située au nord-est du pays, on y a retrouvé le mobilier, meules de moulin, ustensiles de ménage, etc., à l'usage exclusif des lépreux. Quelques-unes des meules, trouvées là, ont même servi, croyons-nous, à une époque antérieure et ont été extraites d'une carrière à Saint-Andeux, au lieu dit le Moulin–Balidan, à trois kilomètres sur la gauche de la voie d'Agrippa, en venant d'Autun à Avallon. J'ai visité cet endroit en 1892, et j'y ai trouvé de nombreux débris de meules. Les habitants du village et des hameaux de Saint-Andeux

possèdent aussi quelques-uns de ces curieux et pri-
mitifs moulins.

*
* *

Route. — La grande route nationale terminée
en 1852 traverse Voutenay. Cette route, au moyen-âge,
passait par Lucy-le-Bois, Vermenton, Cravant, Vincelles et la Cour-Barrée. A une époque plus rappro-
chée de nous, on la fit passer par Lucy-le-Bois,
Vermenton et Saint-Bris.

Le 9 ventôse de l'an III de la R. F., un tracé
d'une route à ouvrir d'Avallon à Auxerre faisait passer
cette route à Valloux, Givry, Blannay, Lac-Sauvin,
Sery, Prégilbert, Sainte-Pallaye, Bazarnes, Vincelles,
la Cour-Barrée et Vaux. Les habitants de Voutenay,
craignant, sans doute, que ce projet ne soit adopté,
offrirent trente mille francs à l'administration des
Ponts-et-Chaussées pour faire passer la route nationale à Voutenay : 18.000 francs en 1842, et 12.000 francs
en 1849.

*
* *

Voie ferrée. — Au-dessous de l'église, la voie
ferrée, qui passe quatre fois sur la rivière depuis

Arcy, pour éviter de traverser deux fois encore notre tortueuse rivière, pénètre hardiment, par une très-forte courbe, dans le revers escarpé de la montagne qui borde la Cure. Ce point de la ligne est fort curieux à étudier. On a là un des plus beaux paysages de nos contrées, paysage limité à l'horizon par des montagnes rapides comme le toit d'une maison et couvertes de grands arbres.

*
* *

Rues. — Les rues du village, suffisamment spacieuses, s'étendent et se croisent utilement, rayonnant, comme les plis de la main, vers la place, la tour de l'horloge et l'église.

*
* *

Rivières. — La Cure, qui passe au bas du village, après avoir traversé une partie du Morvan, est rapide et souvent torrentielle :

> Salut, ô ma rivière,
> Qui, d'un rapide élan,
> Tous les jours, en courrière,
> Arrives du Morvan.
>
> Quelle bonne nouvelle
> M'apportes-tu gaiement?
> Regarde, me dit-elle,
> J'apporte un flot d'argent.

Le brillant flot d'argent, chanté par le poète (1), est parfois, après la fonte des neiges ou après un orage, changé en flot fangeux et jaunâtre. La nature des terrains granitiques et liasiques, qui forment le bassin de cette rivière et celui du Cousin, son affluent, est imperméable à une certaine profondeur; les eaux pluviales ruissellent donc rapidement jusqu'aux thalwegs des vallées; de plus, tous ces terrains, sillonnés d'une multitude de petits cours d'eau torrentiels, et la forte déclivité des montagnes du Morvan, contribuent encore à augmenter rapidement le volume de cette rivière; ces montagnes sont pourtant boisées, ce qui montre bien que les bois n'ont pas une action très grande sur le mode d'écoulement des crues des rivières; en vingt-quatre heures la Cure croît de plusieurs mètres et devient extrêmement violente. On peut voir, près d'une arche du pont, les marques diverses des crues les plus fameuses de ce siècle: celles de 1866, 1876, 1877, 1889. A la débâcle du grand hiver 1879-1880, les glaces s'accumulèrent à tel point qu'on les touchait de la main, sur le pont. En 1832, le 2 juin, les eaux de

(1) Un homme éminent et des plus honorables, qui a laissé, dans le canton de Vézelay, le meilleur souvenir et les plus vifs regrets.

la Cure et du Vau-de-Bouche se joignirent au pied de la tour de l'horloge.

Le poisson de la rivière est excellent; cela tient à la rapidité et à la nature des eaux vives. On y trouve toutes les espèces d'eau douce connues, depuis le véron et le goujon jusqu'à des brochets de vingt-cinq livres.

Dans certaines années, quand le saumon remonte jusqu'ici, on fait de superbes pêches.

Le mulet y domine depuis quelques années. On y trouve aussi la truite, l'anguille, le barbeau, le blanc, etc. A Voutenay, il n'est pas rare de prendre dans une année plus de mille livres de poissons. Le droit de pêche appartient aux riverains, qui, généralement, sont assez accommodants.

Le ruisseau du Vau-de-Bouche était autrefois renommé pour ses écrevisses, mais, depuis un certain nombre d'années, une épidémie a détruit jusqu'au dernier de ces succulents crustacés. En mai 1892, de nombreuses écrevisses, très-vigoureuses, ont été envoyées à Voutenay, pour le repeuplement de nos rivières, par M. le docteur Rabé, président de la Société protectrice des oiseaux. Dans quelques années, il y aura, espérons-le, de beaux jours pour les pêcheurs d'écrevisses.

La Cure a apporté jusqu'à Voutenay, et beaucoup

plus loin encore, de beaux échantillons des divers bancs granitiques qu'elle parcourt depuis sa source. On peut trouver sur ses rives un musée complet de sa minéralogie : des gneiss brillants et variés ; des porphyres aux tons chauds, des arkoses, des hyalomictes qui ont l'éclat de l'or et de l'argent, des quartz, des quartzites d'une beauté qui rivalise, pour l'œil, avec les marbres les plus précieux, des paillettes innombrables de mica, qui font briller la grève comme un miroir au soleil.

Parfois, les tireurs de sable ramènent, avec les éléments détritiques des roches du Morvan, de fines lames de silex recouvertes de *calcin*, des pointes de flèche à pédoncule et à barbelures. Un jour, ô souvenir inoubliable, en descendant en bateau près des bords de la rivière, j'aperçus, dans une éclaircie des roseaux, non loin d'un dépôt de sable et jetée là, sans doute, avec dédain, une superbe hache en bronze, intacte, sauf une légère *ébréchure* au coupant. Sa belle patine aux tons verdâtres, éclairée par les feux d'un soleil d'été, resplendissait du plus vif éclat sur le fond mordoré des galets. Cette arme précieuse de l'époque du bronze est un des plus beaux objets de ma collection.

***

Gibier. — Quant au gibier, les chasseurs y trouvent le lapin, le lièvre, la loutre, le blaireau, la perdrix, l'animal cher à Horace (le sanglier grognard et dévastateur), la biche aux pieds agiles, et, en certains moments de l'année, la poule d'eau, le canard et l'oie sauvages, la cigogne, le héron, etc.

Depuis six ans, les bois de Voutenay, très giboyeux, sont loués, à des chasseurs des environs, 1160 fr. par an.

***

Flore. — La flore des environs de Voutenay est des plus riches. Près du ruisseau et de la rivière on remarque les plantes *hygrophiles*, aimant un sol humide, comme les cypéracées. Dans la plaine, sur les plateaux, des plantes de pleine lumière, aromatiques et vigoureuses, les *xérophiles*, aimant un sol très-sec, les unes *lithiques*, amies des pierres, les autres *psammiques*, amies des sables. Il est facile de constater ici combien nos calcaires exercent sur certaines plantes une action attractive ou répulsive.

Citons au hasard: les *Carex digitata; Geranium sanguineum, robertianum; Heliantheum canum, procumbens; Sedum sexangulare; Kœleria se-*

tacea; Ceterach officinarum; Asplenium septentrionale; Stipa pennata; vulgò Barbe de Saint-Moré, plante hygrométrique assez rare; Melica uniflora, Andropogon ischæmum; Dianfhus carthusianorum; Arabis brassicæ-formis ; Actea spicata ; Phalangium liliago; Convolvulus cantabrica; Quercus pubescens; Amelanchier vulgaris ; Artemisia camphorata; Doronicum pardalianches; Orobanche minor; Scilla autumnalis, bifolia, etc., etc. N'oublions pas, cependant, cette jolie et curieuse plante des prés très commune, le *Narcisse* ou *Colchique d'automne*, ayant cette particularité rare de fleurir en automne et de porter des fruits au printemps; raison pour laquelle on l'a aussi appelée *filius ante patrem.*

***

Moulins. — Des deux moulins qui existaient autrefois, il n'y a plus que le grand moulin qui tourne; l'autre, le moulinot, sur le Vau-de-Bouche, ne tourne plus; il est regrettable qu'une pareille force reste oisive et inutile.

Le grand moulin, comme on l'a vu au cours de cette histoire, est extrêmement ancien et, j'ajouterai, des plus pittoresques. Des îles, couvertes d'aulnées touffues, l'abritent du côté du sud; au nord, de grands arbres et des saules, et, contraste frappant, au milieu de ces masses profondes de verdure, le vieux moulin apparaît, hérissant ses barrages, ses passerelles, ses grands pieux noircis par le temps, et, au bruit des cascades joyeuses, des blancs filets d'eau s'échappant du gauthier avec un bruissement perpétuel, les vieilles roues mousseuses lancent dans l'air des nuages de poussière humide.

*
* *

Scierie. — Depuis deux ans, une grande scierie est jointe au moulin. On prépare là de belles clôtures en lames de chêne supportées par des armatures en fer, des portes à un ou deux vantaux assemblés avec traverses en fer et pilastres en fonte. La simplicité de ce système, inventé par un habile ingénieur de Paris, les parties robustes sur lesquelles il repose, et le soin de la construction, assurent à ces clôtures et portes une longue durée.

On y fabrique aussi des caisses rondes ou bacs de toutes dimensions pour fleurs et arbustes. Ces caisses,

envoyées aux grands magasins de Paris, sont de fac-
ture tout à fait artistique.

***

Liste des curés. — Nos registres de catholicité
appartenant à la Fabrique de l'église ne commencent
qu'à la fin de l'année 1792. Les registres antérieurs
à cette date ont été remis à la mairie, conformément
à la loi du 20 septembre 1792 ; nous y lisons les
noms suivants des différents curés depuis le XVIIe
siècle jusqu'à nos jours :

MM. les curés Pitois, 1670–1674.

               Parrigon, 1674-1680.

               Bertrand, 1680-1681.

               Merlet, 1681–1692.

               Leblanc, 1692-1734.

               Coutelet, 1734-1735.

               Tourneuiller, 1735-1736.

MM. Denailly, vicaire à Vézelay, 1736.

      Richepain, religieux de la Cordelle, 1736.

      Goureau, 1737-1751.

      Tripier, 1751 à 1793, démissionnaire ; ne voulut pas, avec raison, prêter serment à la constitution civile du clergé.

M. M. Lamare, curé de Sermizelles, était, en même temps, curé de Givry, Voutenay, Blannay et Girolles. Les registres que nous avons, portant sa signature, commencent au 31 décembre 1792 et finissent à décembre 1823.

Sur un de ces registres, nous lisons les lignes suivantes, écrites par le curé Lamare : « Le seize mars 1794, la persécution contre toute espèce de culte étant portée à son comble, il a fallu cesser ici toutes fonctions quelconques, au grand regret de toute la paroisse. Il fallait presque rougir d'avoir cru en Dieu; mais c'était surtout un crime d'avoir été consacré prêtre. L'église a été profanée, les images en ont été enlevées ou mutilées, et tout y a été renversé. On a pris des précautions pour cacher le présent registre, car c'eût été, pour le curé, un crime capital s'il eût été trouvé chez lui. » Au-dessous de ces lignes, nous lisons celles-ci : « La Convention ayant rendu un décret qui permet la liberté des cultes, le culte catholique a été repris, dans cette paroisse, avec le plus grand empressement, et la sainte messe a été dite, pour la première fois, dans la chapelle du château, le 15 mars 1795, quatrième dimanche de carême. »

De Bauve ;

Breuillard, Edme ;

Bouchot, curé de Saint-Moré, desservant Voutenay, de 1837 à 1842 ;

De Navarre, 1842 ;

Lestre ;

Balès ;

Fr.-A. Poulaine, curé actuel depuis 1882.

* * *

Instituteurs. — Alain Barillot, marchand, chantre et recteur d'école, de 1706 à 1750.

Alain Barillot, son fils, lui succède, de 1750 à 1771.

Etienne Guillemeau exerce d'abord de 1771 à 1795, puis de 1799 à 1808.

Dans l'intervalle 1795-1799, Geoffroy Regnault, de Vézelay, remplit les fonctions de maître d'école et de chantre, moyennant une rétribution mensuelle de 10 sous par élève « pour ceux qui sont à la tablette jusqu'au psautier, » et de 20 sous « pour ceux qui apprendront l'arithmétique et le plain chant. »

Il recevait, en outre, 50 sous par an et par ménage « pour chanter messe et vêpres, les fêtes et dimanches, ainsi que pour faire, tous les soirs, la prière en temps de carême. »

Nicolas Lamas, 1808-1813.

Edme Tortet, 1813-1826.

Claude-Théodore Duchamp, 1826-1831.

André-Julien Labalte, 1831-1836.

Simon-Etienne Renaud, 1838-1875.

Victor Chevillotte, 1875-1880.

Théodore Petit, 1880-1882.

Elie Bonnerot, 1882-1891.

Billot, instituteur actuel depuis 1891.

Le plus ancien instituteur dont nos registres fassent mention est Alain Barillot, en 1706. Avant cette époque, il est probable que, dans les petits pays comme à Voutenay, il n'y avait point de *maître d'école*. On conçoit combien il devait être difficile d'établir des écoles rurales avant l'invention du papier et de l'imprimerie, comme aussi pendant cette longue série de siècles où villes, et villages surtout, comme nous l'avons vu pour Voutenay, étaient sans cesse pris, repris et saccagés par les bandes armées vivant de pillage.

7

***

Ecoles dans l'antiquité. — Il ne faut pas croire cependant que les écoles n'existaient pas. Dès la fin du troisième siècle, nous voyons l'Eglise fonder des écoles ; toutes les règles monastiques prescrivaient expressément l'étude et l'enseignement. Les écoles fondées en Gaule par les Romains avaient été dé-truites par les invasions des barbares, qui commen-cèrent au milieu du deuxième siècle. L'Église, puis-sance qui naissait sur les ruines du monde païen, sauvegarda, par ses évêques, qui, dans beaucoup de villes, avaient le titre de *defensores civitatum*, les libertés municipales et les écoles. Les grands histo-riens nous disent avec raison que la science doit à l'Eglise plus qu'une rapide diffusion, elle lui doit sa propre conservation.

Au cinquième siècle, les écoles de notre cité aval-lonnaise étaient déjà fameuses. Saint Germain, évêque de Paris, né à Autun en 496, y vint étudier avec un de ses parents.

C'est en 529 que nous trouvons le premier texte se rapportant à l'instruction des enfants. A cette date, la domination franque est assurée sur les Gaules ;

l'Eglise, voyant un calme relatif s'établir, oblige les prêtres des paroisses à donner l'instruction aux enfants.

A cette date encore, la règle de saint Benoît, très florissante en Occident, ouvrait à tout le monde, sans distinction, les écoles monastiques.

Les décrets des Conciles, jusqu'au huitième siècle, prouvent l'existence un peu partout, dès cette première période, d'écoles élémentaires.

A l'avènement de Charlemagne, nous assistons à une recrudescence de zèle en faveur de l'enseignement. Il ordonnait aux curés de village de donner l'instruction aux enfants. « Charlemagne avait, dit Ampère, probablement établi plus d'écoles primaires qu'il n'en existe aujourd'hui. »

Dès le huitième siècle, nous voyons la gratuité pratiquée par le clergé. Dans les siècles suivants, même soin de l'Eglise, pour l'instruction des enfants, non-seulement des villes, mais aussi des villages; l'Eglise ne cesse de pousser le clergé vers l'enseignement, elle lui en fait même une obligation grave. Cette obligation, l'Eglise l'imposera à ses ministres partout et toujours.

* *

Vie communale. — Quant à la vie communale de Voutenay pendant ces mêmes époques, il est assez difficile d'avoir des renseignements exacts. On sait que, dans la plupart des villes, un certain nombre de familles influentes se succédaient à la mairie et à l'échevinage. Les magistrats ne quittaient l'Hôtel-de-Ville que pour faire place à leurs fils, à leurs gendres, à leurs neveux. Depuis l'édit de 1697 supprimant les élections et établissant en offices les fonctions municipales, les villes étaient administrées par des hommes qui avaient acheté au roi les charges de maires et d'échevins. Ainsi la charge de maire perpétuel de la ville d'Avallon fut achetée, à cette époque, par Champion, qui la transmit ensuite à son fils.

Quant aux villages, voici comment, sous l'ancien régime, ils étaient administrés. Les dimanches, à l'issue de la messe, tous les chefs de famille se réunissaient pour délibérer sur les affaires du lieu. Cette assemblée générale de tous les chefs de famille élisait un collecteur pour lever la taille, et un syndic pour l'administration. Elle contrôlait leur gestion.

L'intendant ou son subdélégué exerçait sur les villages la plus dure tutelle administrative. Souvent il nommait lui-même le collecteur et le syndic, comme nous l'avons vu faire, parfois, par le Gouvernement, pour les municipalités, sous le second empire, et faisait marcher ceux-ci à son gré, sous peine d'amende et de prison.

A Voutenay, voici quelques renseignements que j'ai trouvés sur sa vie communale. Avant la construction de l'ancienne maison commune, 1790, les habitants se réunissaient de temps à autre, soit à l'église, soit chez un des principaux notables, pour nommer : un collecteur d'impôts (percepteur), dont ils contrôlaient la gestion ; des officiers municipaux et un procureur-syndic, chargés de l'administration de la communauté, dont ils faisaient exécuter les décisions ;

Un recteur d'école et chantre ;

Un garde-messier, auquel ils allouaient un traitement fixe de « trois sous par arpent de terre, pré et vigne, et un sou par hâte de chenevière, » et, en plus, une gratification de cinq sous par procès-verbal fait de jour, et de cinq francs par prise de nuit, à payer par les délinquants trouvés en flagrant délit.

Ce fonctionnaire, alléché, sans doute, par l'appât

du gain, mettait une activité dévorante à accomplir ses fonctions. Les registres municipaux accusent, le plus souvent, 2, 3 et même 4 contraventions dans la même journée. Gare aux bestiaux trouvés à l'abandon ! L'œil vigilant du garde les rappelait promptement au respect de la propriété.

Ils désignaient encore, chaque année, un pâtre ou berger communal pour la garde des vaches, moutons, brebis, chèvres et cochons, moyennant « un bichet (vingt litres environ) de grain par tête de gros bétail et par an, deux sous par mois et un morceau de pain tous les dimanches.

****

Tours. — Il existe encore plusieurs tours rondes et carrées. Parmi ces dernières, une est détachée du corps de bâtiment et était probablement un colombier *à pied*, c'est-à-dire un colombier appartenant à un seigneur haut justicier. Eux seuls et les propriétaires d'alleux considérables avaient ce droit.

Les tours rondes ou *voliers*, *volets*, sont des colombiers attenant au corps de bâtiment, et qui appartenaient aux simples nobles. Les laboureurs qui ensemençaient sur la terre seigneuriale au moins cinquante arpents avaient droit au volet.

Quant aux tours qui reliaient les murs d'enceinte du village, elles sont rasées depuis longtemps. Les vestiges de ces fondations existent encore; on connaît les endroits où elles se trouvent.

**

Maires. — La date qui suit leurs noms indique la fin de leurs fonctions :

Tripier, curé et maire, 1790-1792. — Bourgeois, 1801. — Sautreau, 1831. — Bourgeois, 1870. — Sadon, 1888. — Labalte, 1890. — Morinat, depuis 1890.

**

Anciennes familles. — Parmi les anciennes familles du pays, il faut citer, à partir de 1670, les noms de Amiot, Charlot, Labalte, Joublin, Sautreau, Perreau, Morinat, Huot, Mercier, Bureau, Lenoble, Rougeot, Carillon, Wallan, Sergent ; ces noms de familles existent encore. Parmi les noms de familles disparues ou ayant quitté le pays, citons : Coppin, Depietresson, Chaumard, Chauchon, Gaumont, Barillot, Voisinet, Dupit, Nicat, Fournillon, etc. Avant 1793, nous voyons un chirurgien à Voutenay, François Copin. En 1806, un Jean Chauchon, ex-garde marteau en la ci-devant maîtrise d'Avallon, marie sa fille avec un receveur des contributions, à Montillot.

****

Notaires. — MM^{es} Bourgeois, de l'An 2 à 1819 ; — Bert, 1819-1821 ; — Chastellet, 1821-1844 ; — Guyard, 1844-1856 ; — Trempé, 1856-1862 ; — Sadon père, 1862-1889. En 1889, Me Auguste Sadon fils, notaire actuel, succède à son père, nommé juge de paix à Pont-sur-Yonne. — Lors de la suppression des études de Montillot et Givry, les minutes de ces études ont été attribuées à l'étude de Voutenay.

****

Messes et fondations. — Les archives de l'Yonne attestent que quelques fondations avaient anciennement été créées au profit de l'église de Voutenay. Il ne nous paraît pas inutile d'exhumer ces témoignages de l'antique foi des habitants du pays.

La première avait eu pour auteur Claude Sapin, qui, par acte du 19 mai 1673, avait donné une hâte de terre à faire chenevière, à charge d'un *libera* à perpétuité, à l'issue de la grand'messe, le jour de la fête de saint Jean-Baptiste, le 24 juin.

La seconde avait eu pour auteur une Jacqueline, veuve Renault, qui avait aussi donné une hâte de terre à faire chenevière, à charge d'une messe avec *de profundis et libera* à la fin, le 12 juillet de chaque année, à perpétuité.

La troisième et dernière avait eu pour auteur François Thomassin et Françoise Bureau, sa femme, qui avaient donné un principal de 120 livres, à charge de deux grandes messes précédées des vigiles, l'une le jour de saint François, 4 octobre, et l'autre le lendemain, à perpétuité.

Judith Mercier, femme Baudot, donne aussi, par acte du 21 août 1854, reçu Chastelet, notaire à Appoigny, 100 fr. à la Fabrique de Voutenay, à charge d'une messe basse à perpétuité, le jour anniversaire de son décès, plus 50 fr. aux pauvres du pays, une fois donnés.

Avant la Révolution, il y avait une confrérie du Saint-Sacrement, de saint Vincent et de saint Eloi ; elles subsistèrent longtemps encore après la Révolution.

*
**

Choléra 1832-1849. — Pendant les terribles épidémies de choléra, en 1832 et 1849, Voutenay fut complètement indemne, tandis que, dans les communes voisines, Sermizelles, Givry, St-Moré, le choléra fit de grands ravages.

*
**

Guerre de 1870-1871. — Dans la guerre de 1870-1871, le village de Voutenay fut occupé par les Allemands à différentes reprises, très peu de temps chaque fois; ordinairement ils repartaient le lendemain. Le pays n'a pas eu trop à se plaindre de leurs exigences.

*
**

Familles nombreuses. — Voutenay, à l'encontre de tant de pays dont la population diminue, voit, au contraire, la sienne s'augmenter d'une manière sensible. Les familles où l'on compte six, huit, dix enfants ne sont pas rares. Quatre maisons voisines ont, à elles quatre, *trente-cinq* enfants! Notre dé-

voué et sympathique instituteur, **M.** Billot, a, dans
sa classe, plus de soixante élèves des deux sexes.
Ces enfants viennent bien, on voit rarement, parmi
eux, des enfants rachitiques ou infirmes. J'ajouterai
encore que bien des vieillards dépassent quatre-vingts
et même quatre-vingt-dix ans, que presque toutes les
jeunes filles sont jolies ou gracieuses; brunes et
blondes, quand elles rient, montrent toutes des dents
extraordinairement jolies et finement plantées dans
des gencives roses. Cette remarquable denture a, sans
doute, pour cause principale, l'excellente qualité de
nos eaux de source, coulant sur un fond puissant de
sable, qui en maintient la pureté et la fraîcheur.

Légende du vieux château. — Le vieux château
a, comme tous les antiques castels, son cortège habituel de légendes, entre autres, celle-ci :

Un de ses propriétaires, seigneur immensément
riche, possesseur de trois châteaux, avait en sa possession un veau d'or, qui était pour lui une source de
prospérités continuelles. Lorsqu'il sentit sa fin pro-
chaine, il fit venir ses enfants : « Mes enfants, leur

dit-il, je le vois, ma fin approche, et bientôt il me faudra me séparer de vous pour descendre dans les sombres demeures. Ce veau d'or que vous voyez, dit-il en étendant la main, a été la cause de mon bonheur, il fera le vôtre aussi. Gardez-le soigneusement. J'ai consulté l'oracle, voici quelle a été sa réponse : une lune, puis une lune, puis encore une lune. Cette réponse est facile à comprendre. Lorsque l'impitoyable Parque aura tranché le fil de mes jours, vous offrirez un sacrifice aux Mânes, et lorsque la première lune aura fait place à la seconde, vous immolerez une biche en l'honneur de Phœbé, et, lorsque la troisième apparaîtra dans les cieux, vous sacrifierez le sanglier dévastateur au Dieu protecteur du pays. » Les enfants du seigneur exécutèrent fidèlement l'ordre paternel, Après de longues années toujours prospères, le dernier de ses descendants jura, dans son égoïsme, que le veau d'or dont il avait hérité de ses pères ne passerait à aucune autre famille, et s'en alla, quelques jours avant sa mort, le cacher dans un puits, connu dans le pays sous le nom du Puits-de-la-Dame, tout près d'un gros frêne, d'autres disent dans les souterrains de la forteresse voisine, où il paraît être encore.

Ce vieux château, à peu près entièrement ruiné,

à l'exception de quelques pans de murs, a été, comme il est dit au commencement de cette notice, en partie reconstruit sur les anciens plans, avec un goût parfait. Tel qu'il se présente aujourd'hui, le manoir a vraiment fort bon air, avec son donjon, ses toits fortement inclinés, ses moucharabis, ses façades monumentales, sur lesquelles se détachent, en pierres de taille d'une blancheur éclatante, les meneaux et les encadrements de ses fenêtres géminées.

Dans les beaux soirs d'été, le spectacle contemplé près de là, sur le pont, est véritablement splendide ; quand le soleil couchant, réfléchi dans les eaux limpides de la rivière, marie sa pourpre et son or au vert feuillage des sapins et des chênes, le manoir seigneurial resplendit au milieu de cette belle nature, comme l'antique valeur de ses chevaliers resplendissait au milieu des prouesses du moyen-âge.

Maisons bourgeoises. — Parmi les importantes propriétés bourgeoises du pays, il faut citer celle de M. Lucien Gillet, de Paris. C'est une belle et grande demeure, située à l'entrée du village, entourée de beaux jardins, vignes, pelouses, et de vastes prairies ombragées de grands arbres, traversées par des eaux vives. C'est bien là le « *Tivoli* » chanté par Horace.

A chacun des hôtes nombreux et distingués qui, chaque année, au retour de la belle saison, viennent passer quelques jours heureux dans ce nid plein de verdure et de fraîcheur, les aimables amphytrions du logis pourraient redire ces vers du poête :

> Hic tibi copia
> Manabit ad plenum benigno
> Ruris honorum opulenta cornu.
> Hic in reducta valle, caniculæ
> Vitabis æstus.

Tout près de là, s'élève la gracieuse villa de la Cerisaie, bâtie à mi-côte de la colline, à l'entrée de la vallée du Vau-de-Bouche. Cette résidence d'été appartient à l'honorable famille Lethorre, d'Auxerre. Sur un autre versant de la même vallée, on aperçoit presque au sommet du mont, la villa des Crotteaux, perchée comme un nid d'aigle, dominant la contrée au loin; c'est aussi la résidence d'été d'une aimable et très respectable famille parisienne.

Au milieu du pays, citons les belles maisons Mary,

Sadon père, et surtout celle de son fils, **M. Auguste Sadon**, notaire. C'est une vaste et vieille maison, aux murs épais comme on les faisait autrefois, chaude en hiver, fraîche en été, entourée de grandes cours, de jardins, de grottes artificielles construites avec goût, d'arbres séculaires aux puissantes ramures, et d'une superbe promenade plantée de sycomores, donnant sur la gare et la vallée de la Cure; au-delà, la vue est limitée par les beaux escarpements du camp de Chora.

Pour finir, citons le gracieux chalet de **M. Antoine Bureau**, un enfant du pays, qui, après fortune faite, est revenu dans son village, y a bâti une maison dominant la voie ferrée et la rivière de la Cure; c'est là, certainement, une des vues les plus pittoresques de la contrée. La villa du Gué-Fleuri, dans la prairie, entre la rivière de la Cure et les versants de nos hautes montagnes couvertes de chênes et de sapins; c'est un endroit délicieux, plein d'ombre et de fraîcheur. Cette propriété appartient à **M. Bresson**, maire de la ville d'Avallon.

*
* *

Carreaux émaillés. — Dans une des salles du vieux château de Voutenay, on a trouvé, il y a quelques années, un certain nombre de carreaux émaillés. Quelques-uns sont à une seule teinte rouge, jaune, etc., mais la plupart sont bicolores et présentent de grandes variétés de dessin. Ils ont environ 12 centimètres carrés sur 25 millimètres d'épaisseur. Ces carreaux sont dans un parfait état de conservation, ils remontent au XIIIme siècle, croyons-nous. Ces carreaux émaillés, trouvés à Voutenay, sont absolument semblables à ceux qui ont été trouvés à Précy-le-Sec, à Vincelles, aux châteaux de Courterolles, de Thisy, des abbés de Vézelay, à Vézelay.

On pouvait obtenir, avec ces carreaux en terre cuite, aux dessins variés, mille combinaisons curieuses et charmantes, de belles rosaces, dont l'effet se mariait au reflet des vitraux qui décoraient les fenêtres des châteaux et des églises. Ces sortes de dallages étaient fort en usage pendant tout le moyen-âge, surtout au XIIIme siècle, qui est non-seulement le plus beau siècle de l'architecture gothique, mais le plus beau encore dans l'art du dallage et de la mosaïque.

CHAPITRE VIII

MÉDAILLES ANTIQUES. — DENIERS TOURNOIS

GARE. — AVENUE. — EMBELLISSEMENTS

CHAPITRE VIII

MÉDAILLES ANTIQUES. — DENIERS TOURNOIS. — OBJETS MÉROVINGIENS ET GALLO-
ROMAINS. — GARE. — AVENUE. — DERNIERS EMBELLISSEMENTS

Le long de la grande voie d'Agrippa et dans tout
le finage de Voutenay, on a trouvé une grande quantité
de médailles gauloises, grands et moyens bronzes
romains, des monnaies en argent, dont l'essai sur
la pierre de touche a donné, pour quelques-unes, la
preuve d'un titre très élevé, probablement au-dessus
de 900 millièmes. Signalons encore de belles mérovingiennes et carlovingiennes, dont quelques-unes au
monogramme retourné et en légende rétrograde, des
blancs de Charles VII et du duc de Bourgogne, Jean-
sans-Peur.

Quelques-unes de ces pièces, frappées au type de
Charles-le-Chauve, présentent des légendes et mono-
grammes d'une grande perfection de style; les autres
sont tellement barbares qu'il faut, croyons-nous, les

rapporter aux règnes des rois ses successeurs, qui n'eurent pas de monnayage à leur nom et qui n'avaient pas, pour la fabrication des monnaies, la sollicitude toute particulière du roi Charles-le-Chauve.

Médailles antiques. — Parmi les médailles romaines, celles qu'on a trouvées en plus grand nombre sont des Néron, Tibère, Domitien, Antonin-le-Pieux, Alexandre Sévère, dont le règne fut certainement un des beaux règnes de l'empire romain. Faustina portant à l'avers le titre de divine! Divine, la femme de Marc Aurèle, dont la réputation marche dans l'antiquité romaine, malgré les regrets de son mari, immédiatement après celle de Messaline, et, comme elle, fut la fable de Rome et des camps. Un grand nombre de consulaires, gauloises, etc. Toutes ces médailles ont été décrites dans une brochure : « Les Médailles antiques de la vallée de la Cure », que j'ai publiée en 1894.

Près du vieux château, un triens en or, mérovingien, a été trouvé, ces années dernières, par madame

Monin. A l'avers, figure à droite avec bandeau et grenetis formant collier; fleur allongée devant la figure. Au revers, vase à deux anses, en forme de *Diota* grec. Légende *Telafius mone* (monetarius). C'est une des figures les plus correctes de cette époque.

Ce monétaire est le Calice du Gévaudan, 1re catégorie des *triens* mérovingiens, VIIIe siècle.

Telafius appartient à Banassac (Javols), dans le Gévaudan, pays des Gabales, dont *Mimate*, aujourd'hui Mende, est le chef-lieu de la Lozère. Cette pièce indique que Voutenay a servi de résidence aux Francs, comme il avait été antérieurement choisi par les Romains, dans le but de barrer la rivière et d'étendre leur domination dans le voisinage.

** **

Deniers tournois. — On a trouvé, notamment près de l'église, sur la voie romaine, des deniers tournois de 1652, à l'effigie de Gaston, frère de Louis XIII; sur l'autre face, on distingue un grand A, accosté de deux fleurs de lis, surmonté du lambel.

***

Objets mérovingiens. — Parmi les objets mérovingiens trouvés sur le finage de la commune, nous citerons, outre les objets dont j'ai eu occasion de parler plus haut, un angon ou javelot mérovingien et un style en cuivre. Comme le gravouère, le style avait la forme d'un poinçon, mais il en différait en ce que, pointu par l'une de ses extrémités, il était toujours aplati à l'autre bout, lequel servait à effacer les caractères gravés sur la cire; on sait que l'écriture n'était pas en usage chez les barbares; des perles en ambre.

***

Antiquités gallo-romaines. — Il est impossible de décrire ici toutes les antiquités gallo-romaines trouvées à Voutenay. Signalons seulement ces lampes romaines si connues, d'un type très-élémentaire, et qui ne sont, à proprement parler, que des sortes de veilleuses; des jouets trouvés à côté des corps de jeunes enfants, des poteries de toutes formes, dont quelques-unes sont remarquables par la perfection de

la technique ; des vases de toutes couleurs, et spécialement ceux qui sont recouverts d'un vernis rouge, dont
l'apparence est celle du corail, poteries samiennes,
comme on les désigne souvent, quoiqu'on n'en ait
jamais, paraît-il, trouvé de pareilles à Samos. Ces
sortes de poteries ne seraient que des contrefaçons
vulgaires, fabriquées partout, d'un genre de vase célèbre
dans l'antiquité, des vases d'Arezzo. Notons encore
des pointes de javelot ; le javelot ressemblait à une
grande flèche ; des ornements et bijoux en bronze, en
or et en argent. Tous ces objets, toutes ces découvertes ont été décrites dans une étude à part, où nous
montrons tout particulièrement le Gaulois du Haut-
Empire s'entourant d'assiettes, de cruches, de lagènes
remplies de vin, de fioles contenant des parfums,
de ces colliers aux couleurs si vives, et de la pièce
de monnaie (naulus) pour l'avare nocher du Styx.

Quant à l'ambre qu'on trouve parfois dans nos
cimetières, il a pu servir d'ornement gallo-romain,
aussi bien que d'ornement purement gaulois.

*
* *

Voutenay est, pour l'antiquaire, l'archéologue et

le paléontologiste, une localité qui, sans avoir l'importance des pays voisins, Saint-Moré et Arcy-sur-Cure, est cependant d'une certaine richesse,

Les Troglodytes de nos montagnes nous ont laissé, avec les débris de leur industrie, haches, flèches, etc., en silex et en os, leurs parures et les ossements des animaux vivant à ces époques lointaines. Tous ces vestiges antiques, réunis aujourd'hui par époques, au presbytère de Voutenay, sont d'un grand intérêt pour l'étude de notre histoire locale.

Au moment où nous livrons ces lignes à l'impression, nous apprenons une nouvelle d'une grande importance pour Voutenay, l'établissement, d'ici à quelques mois, d'une halte de voyageurs sur la ligne du chemin de fer traversant la commune.

Des pourparlers sont engagés, en ce moment, avec la compagnie P.-L.-M. Nous espérons que le Conseil municipal, composé d'hommes intelligents et dévoués, saura mener à bonne fin cette entreprise, qui, une fois réalisée, sera d'une grande utilité pour Voutenay et les pays voisins.

*
* *

Gare. — Depuis la publication de la première édition de cette brochure, les espérances qu'on avait sur cette entreprise n'ont pas été déçues, tout a pleinement réussi. Une gare est établie aujourd'hui à Voutenay. Les conseillers municipaux, maire et adjoint en tête, méritent, en cette occasion, la reconnaissance du pays tout entier. Neuf trains, sur dix qui passent à Voutenay, s'arrêtent chaque jour pour prendre les voyageurs, les colis postaux et les marchandises envoyées par grande vitesse. La petite gare a été inaugurée le 10 décembre 1893. De belles fêtes ont eu lieu à cette occasion. Un banquet par souscription réunissait, ce jour-là, dans la salle de la mairie du pays, une quarantaine de convives. La municipalité offrit, le même jour, aux conducteurs, mécaniciens et chauffeurs de tous les trains qui s'arrêtèrent à Voutenay, du vin, gâteaux, pâtés, etc. De nombreux étrangers des campagnes et villes voisines, notamment d'Avallon et d'Auxerre, assistèrent à cette jolie fête locale, favorisée par une belle journée d'hiver.

Avenue. — La rue des *Pourrissons, purreceons, porissons, porci, porcorum?* si affreuse autrefois, aujourd'hui complètement transformée, est devenue l'avenue de la Gare; de nouvelles maisons ont été construites depuis cette époque, d'autres sont en voie de construction. Un jour viendra, sans doute, où l'eau de la grande fontaine sera distribuée dans tous les quartiers du pays, et où (puisqu'il est convenu que nous sommes dans le siècle des lumières) l'électricité éclairera les rues de notre village.

Derniers travaux. — D'assez importants travaux ont été aussi entrepris à l'église paroissiale. La municipalité a fait poser de belles portes d'entrée, en fer. Une partie de l'église a été peinte avec goût par des peintres d'Avallon; le mobilier, renouvelé.

Au moment où nous terminons ces lignes, le printemps est revenu après un long hiver, le ciel gris des vilains jours a fait place au ciel bleu baigné de soleil; les forêts de chênes et de bouleaux qui environnent le pays, les peupliers et les aulnaies des bords de nos deux rivières exhalent, de toutes parts, des senteurs balsamiques, dont l'atmosphère est saturée et assainie.

Oh! mon joli village de Voutenay!

TABLE DES MATIÈRES

FIN

www.ingramcontent.com/pod-product-compliance
Ingram Content Group UK Ltd.
Pitfield, Milton Keynes, MK11 3LW, UK
UKHW022355090726
13658UKWH00002B/653